在青春期風暴中，
父母如何面對刺蝟少年的
31個求生指南

不崩潰的
青春期教養
心法

CAROLINE
FRANC

LE GUIDE DES
SUPER
PARENTS D'ADOS

卡洛琳・法蘭克———著
黃琪雯———譯

目錄

2 與青少年一起生活 065

前言

打從近幾個月以來，你可以感覺到「它」開始一波波地襲來。你會發現許多的徵兆。那些徵兆有時微微可見（比往常更常翻的白眼、礙眼的細鬍鬚）；有時則是相當明顯（用力甩門、大聲說話、成績一落千丈）。是的，你感覺到那個陰險又讓人害怕的「它」就要來了，卻不清楚該怎麼應付。

「它」是什麼？就是青春期！所有父母的夢魘！這個在我們的小天使出生時，我們希望永遠不要經歷，卻又註定躲不過的時期。

可是，不管你怎麼祈禱，那個昨天還需要你幫他切肉、一難過就會要你抱抱的寶寶，不到兩個月就長高了十公分，開始需要穿胸罩或是刮鬍子，並且敢忤逆你、對你態度不遜……那些「你就是他的天」、「父母等於英雄」的日子，已經一去不復返了。如今，你的小孩已經是個青少年；一個不由自主地想要脫離父母懷抱、嘗試建立自己的信念、搞清楚自己的身體為何要跟他過不去（青春痘、贅肉、油膩膩的頭髮……），而且滿腦子只想與異性交往的青少年。

如果說青少年勢必要歷經**這段為人父母都害怕的「風暴」**，這個對於你和他都是人生中很辛苦的時期，大約開始於十三歲，結束於十八歲（在最好的情況下）。可就算我們的青少年嚷嚷著需要獨立、擺脫束縛，事實上卻從來沒有這麼需要自己的父母過。問題是，他們並沒有真正意識到這一點。而對於做父母的來說，要在「尊重這些未來成年人對於自主的需求」與「想要將他們放在象牙塔裡好好保護」兩者之間取得平衡點，真的很不容易。

與青少年一起生活，就是把冰箱塞滿的次數需要加倍；就是自己的好衣服會被穿走，拿回來時也沒有原先的乾淨漂亮；就是自己比兩年前更常把「不行」、「不准」掛在嘴邊；就是大吼「去整理房間！」——甚至在和孩子談論吸毒的危險，或避孕這個微妙的話題時，竟感到相當驚愕，因為你的口吻竟然和自己的媽媽相同。

不過，請你放心，青春期不是只有缺點而已。

你確實進入了亂流區，可是請保持耐性。你的孩子已經到了可以平等對話的年紀，也正在轉變成很棒的年輕人，他會開始計畫未來，並嘗試理解時事、提出評論與分析。總之，他們因為你反覆進行的教育而逐漸茁壯，準備高飛。

所以，繫緊你的安全帶，咬緊牙關，同時不要忘記向他們伸出援手，好讓起飛的過程可以少一點恐懼！

歡迎加入！（同時祝你好運！）

親愛的家長，要是你正在看這本書的話，那絕對是因為你正被青春期折磨得受不了，而且心裡滿是恐懼。因為你可以感覺得到自己的孩子已經變成一個陌生人，而且在大部分的時間裡都不願意讓你好過。其實你的感覺並非全是錯的，不過別慌，因為遇到這種狀況的人並不是只有你，而且這個狀況其實有解。接下來的篇幅當中，你會找到別人的心得分享、還有些關於解除風暴的建議，以及如何努力抵禦這些荷爾蒙叛徒的攻擊。所以，歡迎加入這個行列，不管如何可千萬別放手！我跟你保證，會有那麼一天，當你醒來時，發現所有的一切都只不過是場惡夢而已。

1

騙不了人的信號

兒童變成青少年的確切年齡並不容易斷定，因為有些孩子比別人早，有些則是按自己的步調慢慢來，就如同不是每個小孩都會在同樣的年紀開步走、同樣的時間學說話，每個小孩也因為生理成熟度不同，戒尿布的時間有早有晚。總之，青春期並不是一門確切的科學，不過倒是會循著生物法則走。

01

青春期，男女大不同

男生與女生的青春期，除了啟動的年齡不同，「徵候」也各有不同——這也經常造成他們之間的某種落差，像是女生的表現通常比同齡男生還成熟一點……

啊，這「惡名昭彰」的青春期，總是會帶著它的好朋友：鬍鬚與青春痘一起到來。我們經常會拿鬍鬚與青春痘開玩笑，可是準備邁入青春期的孩子所承受的荷爾蒙動盪，就是他們外表改變的原因。有心理醫師會將青春期與蛇脫皮進行比較。在這段期間當中，**青少年就像沒有外殼保護一樣，非常敏感、易受刺激**。不再算是個小孩，但也還不算是個大人，這種介於兩者之間的狀態令他們恐懼，再加上還得習慣這副他還未能發掘所有優點的身軀……

關於青春期的幾項數據

- 大部分（九成）的小女生初經來潮的年齡為十一至十四歲左右。
- 通常生理期會在胸部開始發育的兩年之後報到。
- 五分之四的小男生會在十三至十七歲左右變聲。
- 九成的男生會在九歲至十七歲左右第一次嘗試自慰；其中約有半數是在十三或十四歲。

資料來源：法國人口學研究所

男生

小男生通常於十一歲半左右進入青春期。第一個明顯的徵兆：睪丸變大；這是睪丸酮分泌增加的證明。接著開始長陰毛，陰莖也開始增大增長。陰毛在差不多十五歲的時候會長齊，同時也為青春期劃下句點。小男生從此有了生育能力，不過身體仍然繼續出現變化。變聲的過程有可能持續到十七或十八歲為止。他的鼻子下方也會長出細鬚——經常長得亂七八糟的，讓他感到自卑。通常臉部與胸膛部位的毛髮要到二十五歲甚至三十歲過後才會長全。由此，我們幾乎可以說男生的青春期會比女生還來得長，只不過我們不會這麼說。還有另一個線索可以證明你的兒子已經進入了青春期，**那就是汗臭味**。雖然女孩子也會有，但是氣味通常不會那麼強烈。別緊張，**等孩子再長大一點，就會改善**，不過你得要有耐心，因為這段期間其實並不短……（小建議：買瓶空氣芳香劑吧。）

如何陪他度過？

當孩子們進入青春期之後，男生會比女生還害臊。以前你的兒子會光著身子，態度大方，甚至還有點驕傲地在家裡面遊走，現在他換衣服會鎖門。對他談他的外觀變化，幾乎就像是侵犯他的隱私一樣。請尊重他這一點吧。他那正在改變的身體是他的。要是他想談的話，他本人會知道怎麼做的——多半會去找他的爸爸談。你可以問他要不要去看醫生，讓醫生檢查一下。但是請避免直接指著他的鬍鬚或是青春痘問。可能的話，請送他一瓶體香劑，同時不用特別強調送他體香劑的理由。然後我要再說一次，**最好的陪伴就是愛**。男生和女生一樣，剛進入青春期不久的孩子並不瞭解自己不停長大的身體，他們會懷疑自己，時常以自己不聽話的聲音或是無預警的勃起為恥。儘管看不出來（他們會不搭理你或是頂嘴），但**他們從來沒像現在一樣，會那麼需要從你的愛當中獲得安慰**。

爸爸坦白說

匿名爸

說到男生的青春期……欸，你家有邁入青春期的男生嗎？拜託，進他房間前一定要先敲門！不要老問他在浴室裡待那麼久在做什麼，也不要問他為什麼衛生紙用那麼凶。他沒有感冒！雖然你慢慢會明白兒子發現了身上有那一根，而且那個能帶給他許多的愉悅……可以理解你心情一定受到影響，覺得怪怪的，可是請告訴自己，他起碼會把自己洗乾淨，再說這難道不是個好消息嗎？

女生

胸部發育是青春期啟動的第一個訊號。一開始，胸部的形狀會像個不明顯的小小蓓蕾，而且有時只有單側出現。你的女兒在觀察過自己的胸部之後，或許會像其他青春期的女孩子一樣，害怕自己發育「不正常」。這完全不需要害怕。請立刻向她解釋，大自然是很神奇的。她的胸部到最後左右的大小會達到均衡。一般從胸部開始發育算起，兩年後，生理期就會報到。而在那兩年當中，陰毛會開始生長，而黑頭粉刺與討厭的青春痘也會出現。除此之外，讓那個不久之前還是個孩子的少女感到不安的事情還有一件，那就是陰部的變化——變大變厚的小陰唇。接下來的日子裡，分泌物開始出現。最後，月經會無聲無息或是伴隨程度輕重不等的腹痛到來。

給媽媽的小提醒

月經來潮是女性一生之中的重大時刻。女性都會記得自己的初經，以及當時的感受。以下是我的建議：

- 在胸部開始發育之後的隔年，請讓你女兒做好月經來潮的準備。建議她放一片衛生棉在書包裡以防萬一。
- 如果她的經痛嚴重的話（不是一定會這樣，卻也是常有的狀況），**問她要不要看醫生**，和醫生討論可能的治療方法。
- **讓她表達內心的不悅**：就算月經是女性一生中不可缺少的一部分，但在初期任誰也難接受每個月都得流血。
- **建議她在經期中穿著深色衣服**，還有隨身帶一條應付緊急之需的內搭褲。沒有什麼比在學校發現衣褲上沾到經血還讓人驚慌的了。
- **問她對於棉條的看法**。是的，棉條不會傷害處女膜。只是使用時要以正確的方式小心置放，還要記得定時更換。

- 如果你女兒在生理期間不想上游泳課，**請答應幫她請假**。雖然月經來的時候可以游泳，可是我們的青少女很怕穿泳衣的時候流血。另外，**冰冷的水溫有可能讓經痛更嚴重**。
- 提醒她，**月經並不髒也不必感到羞恥**，反而**證明了她的身體功能正常**，而且以後（很久以後！）還能夠擁有小孩。

如何陪她度過？

沒有什麼比這段蛻變期還微妙的了。媽媽這個角色，雖然很適合與女兒交換對於這些問題的想法，但也有很為難的地方——就是要**找到適當的距離**。而所謂適當的距離，就是一方面親近到足以傾聽女兒的恐懼與問題，但另一方面又要很謹慎，避免有干涉的舉動。有的女生寧願把心事說給自己的女生朋友、醫生或是奶奶、外婆聽，而不是自己的媽媽。在這種狀況下，不必硬要做些什麼或是想出什麼辦法。或許你會這麼說：「是沒錯啦，可是眼睜睜看著自己的小公主長大卻不能和她聊聊成長的事，真的讓人很難過欸。」是啊，這會讓人難過，可是誰說身為人母一路上都會是順風順水呢？像我就不是。

所以，我們要保持適當的距離，不過在她需要你的時候，陪伴在她身旁。買生理用品，然後偷偷地塞給她，告訴她，你可以教她如何使用（她想必不會要你教，但是她知道，萬一真需要你的話，你一定會在）。通常來說，在「蛻變期」的頭兩、三年當中，你女兒的心會在**「被疼愛擁抱的需求」與「對冒險的渴望」之中搖擺不定**。你要懂得包容她、接納她，同時也要確保你們母女的連結永遠不會斷。然後時時提醒她，就算她長了青春痘、小贅肉或是頭髮有時油膩膩的，在你眼中，她永遠都是最美麗的女孩……

媽媽坦白說

匿名媽

你問我幾歲開始除毛？每個人的狀況不同。不過就我個人來說，我很晚才在意起自己的體毛。記得八〇年代的時候，我還沒滿十五歲，有腿毛並不是什麼不得了的事情，我們也不會穿無袖背心出門，泳裝的開叉也不像現在開得那麼高。結果，當我那十三歲女兒上完游泳課，因為被全班同學嘲笑有腿毛（我覺得那只是汗毛）哭著跑回家時，我簡直要從椅子上摔下來；尤其她還說，朋友和同學從六年級就開始刮腿毛了。就算我認為刮毛這件事還太早，最後還是寧可帶她去找美容師處理體毛問題，免得她自卑，也避免游泳課或體育課變成她丟臉的場合。現在我女兒已經十六歲了，她很感謝我讓她習慣蜜蠟除毛，因為她的同學用刮毛刀，結果長出來的體毛比較粗硬，生長的速度也比較快。總之，這完全取決於你女兒的體毛狀況，不過一般來說，現在的孩子從十三、十四歲開始就覺得放任腿毛手毛生長，是件很不可思議也難以接受的事……

02 情緒不穩定

青春期並不只是一段心理轉變的過程——如果真是這樣的話，事情就太簡單了！所有的孩子對青春期的反應各有不同，有的孩子會比其他孩子還來得淡定，不變的是，如此巨大的轉變令他們驚慌不已……

他們會很在意、很自卑，也通常會覺得自己很醜，討厭這些表現出的性徵，因為他們覺得自己還很小，所以變得很容易生氣。

青春期的另外一個「福利」，就是性慾出現。對性的渴望佔據了他們一大部分的心思：性幻想、作春夢，激動、過度的情傷等等……無論是男生或女生，**一個青少年**

的每一天都過得像是搭雲霄飛車：

- 只要哪個同學或朋友說錯話了，哪怕不嚴重，**這個世界就變得好慘好慘！**
- 校草邀約參加晚上的聚會？整個人立刻**開心得像要飛起來**。
- 當他正在等某個女生回訊息，你卻要他幫忙擺餐具？**你會變成個壞蛋**。
- 以及其他種種你想像不到的事。

似乎這樣還不夠，青少年還會趁著這段動盪不安的時期，摧毀理想父母的標準。以前的他／她總是認為你是最完美的爸爸或媽媽，但是現在發現了醜陋的事實：**原來你有這麼多的缺點**！其實話說回來，他們身上也經常跟你們有相同的缺點，誰叫龍生龍、鳳生鳳呢？你們就準備聽見難聽的話吧！你們的任何事都不能倖免於他們的批評，而長久以來保護你們父母的防護罩已經全然失效。你們知道最慘的是什麼嗎？那就是他們認為質疑你們合情合理。反正，對他／她來說是這樣……

安撫激動情緒的小訣竅

你可以這麼做：

- 請他回房間冷靜一下，等他覺得心情好多了的時候再談。
- 建議和他用筆談的方式，把令他暴怒的事情寫出來。
- 承認我們可能也有錯（是的，這是有可能的）。
- 給他一個擁抱（他可能會推開你，可是多數的時間裡，他其實是需要你的擁抱。而你也需要他的擁抱）。
- 傾聽他，當他的垃圾桶，但同時你的立場也要保持堅定。
- 提醒他，就算現在這樣，你還是一樣愛他（請相信自己真的會一樣愛他）。

你別這麼做：

- 打他耳光（就算有的時候真的很想要這麼做）。

- 吼得比他大聲（就算有的時候真的會）……
- 嘲笑他（青少年沒有幽默感，總之，他們的幽默感和你的不一樣）。
- 不理他（青少年總是時時尋求你的注意）。
- 威脅他（這經常無效）。

媽媽坦白說

伊莉莎白：瑪儂（十五歲）的媽媽

瑪儂直到十三歲的時候，還是個愛撒嬌的小女生。她的臉上總是掛著笑容，也從來不對人大聲說話，結果一夕之間全變了樣，我的寶貝就像是被惡靈附身一樣。她可以在九點十五分的時候乖巧可愛，九點十八分的時候因為我忘了買混合性髮質專用洗髮精而抓狂。她有時會說：「我超棒的，我有很多朋友。」但有時又會說：「我的人生沒有意義，今天早上茱麗完全不甩我，全校的人都看不起我。」幸好，她有時候還會需要媽媽的抱抱，而我也總是把握機會好好抱她——因為通常這個擁抱不多不少，就只有四十五秒這麼長而已——就在她的手機發出了簡訊通知時結束。

家長面對青春期的求生包

- 許多香氛蠟燭。
- 大量的體香劑，在家中到處放一點；如此一來，青少年會懂（也可能不懂）你想傳達的訊息。
- 耳塞（這樣就聽不見甩門的聲音）。

- 舒緩花草茶。
- 靜坐課程。
- 皮膚科療程與醫師開的藥膏。
- 有交情的牙齒矯正醫師。

03

棘手的睡眠問題

以前的他，總是大清早就把你吵醒，現在這個十五歲的孩子，週末的時候總要到早上十一點才睡眼惺忪地走出房間，而且越來越晚睡。這其實能用科學解釋：青春期讓青少年的睡眠週期和生理時鐘往後延……原因如下：

這與褪黑激素有關。褪黑激素是睡眠的激素；青春期時的褪黑激素分泌比平時還晚兩小時……而你的孩子的晝夜節奏也跟著進行調整，因此我們的青少年在晚上該睡覺的時候仍然精神奕奕，早上時就疲倦沒精神了。

所以會晚睡不完全是他的錯，只是中午時看見他突然出現，臉上還留著枕頭的壓痕，並且在該吃午餐的時間裡找他的早餐吃，實在令人火大。這時，你有兩個選擇：接受與軟體動物一起生活，或是對他在清晨吵醒你的事情報一箭之仇：每個星期天八點，故意讓他驚醒……（如果你跟我一樣兩個選擇輪流採用的話，到最後會常常變得很躁鬱。）

失眠俱樂部

你有年紀在十五至十八歲之間的女兒嗎？她很有可能半夜不睡或是起床上網。在法國，這年紀的女孩當中，有百分之四十一點七八的人習慣半夜上網，而同年紀的男生則為百分之三十七點七，相比之下，十一至十四歲的孩子比較乖一點：百分之二十三點五八的女孩與百分之二十二點七六的男孩會半夜起床上網。

資料來源：二〇一六年法國世代協會的調查報告數字

04

第一次失戀（與失去友誼）

我們的孩子不會等到成為青少年才墜入情網，或是與人建立深厚的友誼。我們都記得童年時期的那場失戀或是下課時與「最要好的朋友」爭吵，只是青少年經常會把這些事看得相當嚴重……

世界末日到了！

對你來說只是一場無關緊要的萍水相逢，在他心中卻是至關重要。青春期的孩子通常會因為被心儀的男生或女生拒絕，而陷入了抑鬱的狀態；也有孩子會暗中考慮逃家，像大人一樣的和喜歡的人一起生活。因此有的年輕女孩會在青春期就想要懷孕生子，這一點最好要特別注意。不過有一件事是確定的，那就是**在他們的世界裡，最看重的就是愛情與友情**，這兩者佔有特殊的地位——比數學功課或英語不規則動詞變化還重要許多啊！

青少年的網路戀情

你一定以為自己能夠理解家裡那個戀愛中的青少年，畢竟自己是過來人——而且回想起來，似乎還是不久前的事……其實，這是雙重錯誤！首先，你的那些事年代已經有點久遠了。再者，就算你心裡覺得自己二十五歲，可是身分證清清楚楚地告訴你，你的年齡早就遠遠超過這個數字了。再說，在你的那個年代，社群網路還不存在。當你想和別班的某個男同學、女同學出去玩，你就得在上共通科目的時候約對方，不然就是透過你最要好的朋友傳話。如果對方拒絕的話，不是當面讓你知道，而會請你那個好朋友（如果他真的是你的好朋友）跟你說，不會大聲嚷嚷給全世界的人聽。

今時今日，你們家的青少年會藉由臉書的私人訊息表達愛意。他們的訊息有可能會被沒品的愛戀對象貼在動態牆上，然後在社交軟體被取笑一整年。特別是，**他們的愛有可能好一段時間都是虛構的**。畢竟現在隔著螢幕交流會比在「真實生活」中交流容易許多，而且有許多青少年雖然和某個人是「一對」（總之在臉書上是一對），但卻從來沒有牽過手。

青少年愛上網，就連半夜也會上網……

- 百分之五十二點六的青少年，晚餐後會花超過一個小時的時間玩遊戲機、平板或電腦。
- 百分之十五點三的青少年會在半夜傳訊息。
- 百分之十一的青少年半夜會上社群網站；百分之六點一的青少年會半夜起床玩連線遊戲。百分之五十三點七的父母願意讓自己的孩子把手機帶進臥房。

資料來源：睡眠障礙健康網

05

你沒辦法理解的事情：自拍

對青少年來說，尤其是女生，貼在社群網路上的一張醜自拍，就跟國中畢不了業一樣慘。關於這個，我們這些老人是不會懂的。可是對我們的女兒來說，一張成功的自拍，某方面而言，可以令她們安心與接納自己。或許你覺得這聽起來未免也太恐怖太自戀了吧。可是**自拍已經成為青少年日常生活的一部分**，卻是無可改變的事實。在巴黎鐵塔前自拍比欣賞巴黎鐵塔重要；有辦法與偶像同框自拍比擁有偶像照片還了不起。當你看見你那五分鐘前一臉悲慘的女兒正對著手機露齒燦笑時，可別訝異。在當今的青少年世界裡就是這樣，**表象經常比內在來得重要**……相信我，當她問你要不要和她自拍時，你感覺像是獲得了某種認可，完全忘了幾分鐘前兩人還在激烈爭吵。不過這並不能妨礙她在ＩＧ上貼出這張應該經過修圖的自拍照，並且寫下：「與媽媽一起冷靜，太火爆了。」還不忘標注「媽媽」這個主題標籤。

總之，你只能安慰但不干涉

可是你得保持警覺，有時某些友誼或是戀愛關係發展出了問題時，會很快地演變成了網路騷擾。在臉書上被羞辱有可能會造成毀滅性的傷害，更不用說有的孩子天真地將照片送給喜歡的某個人，卻沒想到那個人竟分享給全校的人看。在扮演好父母的角色之時，**你也必須做到隨時陪伴**；懂得分辨正常的失戀與過度的憂鬱，以及做到**安慰但不干涉、建議而不企圖影響……**

悲慘的失戀

當你家的青少年失戀而難過時，你該說什麼？不該說什麼？

你不該說的話：

- 天涯何處無芳草。
- 反正我也不喜歡他（她）。
- 老實說，他（她）長得很醜欸。
- 不要哭了！十五歲孩子談的戀愛都不是認真的！
- 你還不如把心思放在學業上。
- 要是你多重視一下個人衛生習慣，就不會搞成這樣。
- 下次記得要用體香劑。
- 放心，等你把牙套拆掉之後，就會更受歡迎！

該說的話：

- 你現在很難過，可是我保證都會過去的。
- 現在你以為他（她）是對的人，不過你等著看，你會遇到一個真正愛你的人。
- 你覺得像是遇上了世界末日吧？這很正常。
- 要不要幫你泡一杯熱可可呢？
- 啊，你看！我找到你的絨毛娃娃了！
- 我想清楚了。我可以幫你申辦4G上網。

06

測驗——你的孩子進入青春期了嗎？

Q1 這兩個星期之中，你聽見你的孩子：

A．甩門。

B．歎氣。

C．唱「冰雪奇緣」的主題曲。

Q2 當你帶孩子去學校……

A．他會以跑百米的速度向前衝刺，把你甩在後頭。

B．會與你保持固定的距離（在你三步之前或之後）。

C．會在朋友面前和你牽手或是擁抱。

Q3 當你經過他／她的房間時，常會遇到什麼狀況？

A．必須憋氣以免中毒。

B．聽見震耳欲聾的音樂。

C．你踩到一塊積木。

Q4 你的孩子在兩個月的時間當中……

A．長了一堆體毛。

B．有點長高，除此之外，沒什麼特別的。

C．沒什麼不同。去年的褲子都還穿得下。

Q5 這一陣子，你的孩子開始會……

A．關在浴室裡幾個小時都不出來。

B．不再光溜溜地走來走去。

C．仍然會穿可愛的絨布睡衣。

Q6 你家孩子的皮膚狀況……

A．布滿了黑頭粉刺和青春痘。

B．有一點點狀況，但肉眼看不出來。

C．還是跟兩歲時一樣的粉嫩光滑。

Q7 當你的孩子從派對回家之後……

A．立刻跑進房間，身上還飄出淡淡的菸味。

B．斷然拒絕把派對的事告訴你。

C．驕傲地給你看派對結束時，人家給他的一袋糖果。

Q8 最近一次的班親會……

A．你發現你的寶貝在請假單上假冒你的簽名。

B．導師提醒你，你的寶貝言行方面開始有些無禮傲慢。

C．你只聽到讚美：你的寶貝很討人喜歡，是班上的模範生。

Q9 當你傳訊息問孩子已經抵達派對現場了沒……

A．他沒回應。

B．他回你：「放心，都很好。」

C．他還沒參加過派對，而且也還沒有手機。

Q10 星期天的早晨……

A．是一星期當中最美好的時光：你的孩子會睡到下午一點；至少不用聽他甩門。

B．大約十點的時候他才勉強起床，然後就坐在電視前不動，直到你威脅要把電視機丟掉。

C．你的寶寶七點的時候已經準備好要去小公園玩了。

Q11 他上一次跟你撒嬌……

A．是在兩個月前，你答應要讓他辦4G網路的時候。

B．是在上星期，不過你發現他會先確認沒有人看見。

C．就今天早上，你到床邊叫他起床的時候。

測驗結果

如果你的答案當中A佔多數：

抱歉，你的孩子已經不是個孩子了。他確實已經進入了青春期，還伴隨著一堆正面與負面的改變。該是把他當大人，而不是個小寶寶的時候了。

如果你的答案當中B佔多數：

注意了，青春期已經悄悄地到來，一些徵兆已經出現，你得準備好迎接一場巨大的混亂。

如果你的答案當中C佔多數：

顯然你還有幾個月的時間。你家的前青春期青少年還是個孩子，也還不想離開你的懷抱。我建議：好好把握這段時間吧！

07 開始唱反調

那在幼兒時期說過千百次的「不要」，你以為再也不會聽見，結果你錯了。青少年就是長期反抗的同義詞，甚至聽說那是正常現象，因為那是孩子開始擺脫束縛的跡象。正常，或許吧，不過辛苦是一定的！

權威問題？

確實你以前擁有權威……你一定記得那段「恐怖的兩歲時期」吧：那時候，你的寶寶會為了吵著要糖果，在超市的地板上打滾耍賴；哪怕是直挺挺地躺著不動，或是當你硬把他往出口拉、他會故意放軟身子時，他都一定會大聲哭叫。**你以為那已經是最慘的時期？**

天大的錯誤！今天，那個小寶貝已經不會在早上十點的時候跺腳吵著要吃洋芋片了，可是他會在你念他的時候，讓你知道他才是老大。

當媽媽與青少年孩子對話……

要開飯的時候：

「親愛的，去擺碗筷好嗎？」

「為什麼是我？我昨天已經擺過了。」

「是沒錯，可是我每天都煮飯耶。」

「喔，可是你是媽媽，那是你的工作。我要提醒你一件事，那就是我可沒有要你把我生出來，更不想要擺碗筷。反正你們都不瞭解我，我真的很不想活了！」

「啊……那好吧，我……我去擺好了。」

接著，媽媽感到滿心後悔：

「來，抱一個！」

「不要，我兩分鐘後有一場約好的線上對決。別來吵我。」

經常出現這樣：

「別這樣跟我說話，我是你媽不是你死黨！」

「欸，我跟我的死黨才不會這樣說話！」

「是嗎？為什麼？」

「因為要是我對他們說話就像對你說話一樣，我就會沒朋友了，哈哈哈！」

必須寫功課的時候：

「你確定你沒有功課要寫？」

「別擔心，我會寫的！」

「什麼時候？」

「等一下。」

「現在！不要等一下。」

「反正寫功課又沒有什麼用。」

「誰說沒有用？寫功課可以讓你順利畢業，以後還能像我們一樣有個好工作。」

「啊，是嗎？你是說以後我的人生就跟你們的一樣無聊嗎？真是太棒了。」

你們大致會發現，青少年會認為你們口中講出來的話，不是落伍、蠢，就是讓他們覺得心累。**他相信自己是對的，認為你們都壓迫他**，而且所有需要「努力」的東西，就如同「麥金塔」（當然是假設你家青少年連什麼是麥金塔都不知道），被時代淘汰了。這當然會讓做父母的人難過，尤其是萬萬也沒想到，有一天你們會像當年自己的父母一樣說話：「家裡不是旅館」、「我是你的長輩」、「你再這樣下去，將來一輩子都會找不到工作」、「藝術家？年輕人，藝術家不是職業」、「先順利畢業再說」、「這才是音樂」……等等。

關於這點呢，你得狡猾一點才行。青少年對於任何像是命令的話語反應可是很快，**而當他感覺到我們想要他做什麼時，就會故意唱反調**。

解決的辦法？

先欺敵。**讓他以為是自己下的決定**。也就是先和他討論，看看如果要幫忙，他能夠幫你什麼：「好，我知道你討厭擺碗筷，不過我還是需要你幫忙做點家事。你想你能夠做什麼來代替擺碗筷呢？」你會發現家裡的青少年不只喜歡電玩——呃，是啦，有時還是只喜歡電玩，但他們還是會被其他事情所吸引，比如食物。或許他受不了擺碗筷，卻很喜歡烹飪；也可能寧願洗衣服或是外出採買，也不要洗碗。

另外一個很有效的點子是：與其在晚上問他成績出來了沒有，或是學校有沒有給功課，還不如問他對目前這件或那件新聞時事有什麼看法。**青少年喜歡能夠發表意見，也會想要表達自己對於政治或社會議題的看法**。就算有時候他們的論點還不夠堅實，但在這樣的情況下，千萬別笑他們，更不要打斷他們的談話。做父母的必須提醒自己，他們還在「建構」當中！

青春期親子關係當中，最棘手的部分並不是蓄意的反抗，而是溝通的消失。換句話說，只要你們還會吵架互罵，那就表示一切都很好，你們還是「有連結」的。但是當你們之間是安靜無聲時，那就需要擔心了……

爸爸坦白說

福列德·西蒙（十四歲）的父親

有一天，我下班回到家，抱怨當天諸事不順時，西蒙直截了當地問我是不是被炒魷魚了。他看著我略略訝異的表情，就說：「你知道那是什麼感覺了吧？你每個晚上可不可以不要再問我考試成績或是有沒有不及格……」

我承認，他這番話讓我明白，自己或許太愛問一些讓他難以回答的問題，而不是真正在關心他……

08 衣著穿搭的改變

青春期到來的跡象，並不只是長了青春痘或是體毛而已。青少年到了差不多十二、三歲左右，會開始討厭所有自己以前喜歡的衣服，拒絕彩色、想要展露或是掩藏自己的身體。簡而言之，就是他們改變了風格，不管是往好的方向，或是——經常是——往不好的方向發展……

改換所有的衣服

直到不久之前，你的寶貝還會穿你買給他的衣服。當然了，每個孩子與衣服之間的關係各有不同：有些小女孩只穿粉紅色或藍色；有些小男生只穿超級英雄的T恤或是越不顯眼越好的衣服，但是整體來說，關於「衣服」這檔事從來不是什麼大問題。但沒想到，你的寶貝現在寧可死，也不願意再穿上以前很愛穿的瓢蟲雨衣、或蜘蛛人球鞋……

顏色一個接一個地從他們衣櫥裡消失不見——但「品牌」是選購的要點。你們可能還經常為了他們的衣著進入冷戰。比如女兒準備穿一條髒兮兮的修身褲出門，或更常是她總要穿露肚臍的衣服給大家看；牛仔褲要穿得超短，但不可以捲褲邊（或是得捲褲邊，畢竟流行這東西變化的速度超快）。總之，唯一可以肯定的事情就是——**你什麼都不懂！**

解決的辦法？

你就妥協吧，不過不是每件事情都得妥協：如果她想穿太露的衣服去學校？不行！如果為了和她一起找她那件灰色的牛仔褲，你必須取消重要的會議，提前回家？不行！一雙要上萬元的球鞋，只因為是時下最「酷」的饒舌歌手所設計的式樣，所以你要買？這當然也不行！不過說真的，**其實你沒辦法掌控所有的事情**。就算你女兒暗黑的全新風格讓你想吞下憂鬱症的藥，你也千萬不要貶低她。同樣的，如果你兒子穿著褲頭往下垂的垮褲，連內褲都給人看得清清楚楚，你也不要貶低他。

穿搭風格經常是一種鑑別或是歸屬的符號。其實如果家裡的青少年對於自己的穿著完全不在乎，可就比迷上頹廢搖滾風格還令人擔心呢。因為青少年在界定自己的「風格」之時，也投射並建構屬於自己的「自我認同」。別忘了，以前的你也曾經有一些恐怖的衣服。沒錯沒錯，你一定有。讓我們來說說一九九二年時，你也會為了搭配雪花牛仔褲而穿上螢光襪套吧？

你該嘗試去做的事

為了不讓早上出門穿什麼衣服成為惡夢，你可以：

- 與青少年孩子一起去買衣服，讓他也能表達自己的意見。
- 偶爾一次買潮牌衣服給他，同時提議讓他用節日收到的紅包出一部分的錢。
- 對暗黑的穿衣風格睜一隻眼閉一隻眼，但是前提是那些衣服都得是乾淨的。
- 在某些禁止項目上達成共識，像是不露肚臍、不能讓內褲見人等等。
- 耐心等待孩子對「骷髏頭」的迷戀過去。因為那一定會過去的——通常來說啦。

媽媽
坦白說

賽西爾．妮儂（十四歲）的母親

只要我買衣服給女兒，她的表情就好像我送的是一盤焗烤花椰菜。每次不是嫌太俗氣，就是太粉嫩、太老氣。可是奇怪的是，她反而覺得我的喀什米爾毛衣超「酷」，然後連穿三天之後，那些毛衣就會捲成一團地塞在她的房間角落裡。

09 以前喜歡，不代表現在就喜歡

青春期不只是讓孩子長出青春痘、體毛以及變聲，還會帶來品味的改變。我們做父母的都自以為很瞭解孩子；知道孩子喜歡什麼、什麼會逗他們開心、什麼會讓他們充滿熱情。只是突然之間一切都變了。下列小指南可以幫助你解讀你家的青少年……

過去／現在

過去：和你一起去社區小公園，好讓你看他／她能夠跟大孩子一樣自己溜滑梯。

現在：和朋友一起去公園，特別不要你跟，這樣才能夠悠閒地抽菸。

過去：教訓你抽菸會嚴重危害健康，還會把你的菸藏起來，希望你因此而戒菸。

現在：翻找你藏起來的菸然後偷偷抽。

過去：和爸爸媽媽去看電影，看完去吃漢堡。

現在：用手機追劇，和朋友吃小吃。

過去：和你在海灘上堆沙堡、跳過一個個的小浪花，興高采烈地找貝殼。

現在：鬱悶地癱在大毛巾上，對旁邊那群年輕人投以羨慕的眼光；因為他們起碼不用忍受跟自己的父母一起到海邊。

過去：週末的時候在大清早醒來。尤其在五歲這個年紀，精力變得很旺盛，實在太令人開心了。

現在：中午才起床，然後整個星期六一副要死不活的樣子，直到晚上八點——也就是和朋友約好出去玩的時間——才恢復正常。甚至直到大清早為了不被發現，躡手躡腳地回家，結果把你吵醒了。

過去：喝氣泡香檳飲料，感覺自己已經是大人了。

現在：在狂歡的時候喝爸爸的酒，感覺自己已經是大人了。

過去：開學，因為那代表會有新書包、新衣服還有新的老師。

現在：開學，因為那代表又可以和好麻吉在一起，不用一直待在家裡。

過去：全家去度假。

現在：和好朋友一起旅行。

過去：女生——只要是粉紅色、還有獨角獸在上頭的衣著，都願意穿。男生——喜歡穿超級英雄的T恤。

現在：穿著黑色、灰色，尤其是不會讓他們變得太顯眼的衣服。

過去：想像自己未來會當消防員、小學老師、護理師或太空人。

現在：想要在 YouTube 上有二百萬個追蹤者。

過去：薯條、義大利麵、米飯和霜淇淋。

現在：薯條、義大利麵、米飯和霜淇淋。

過去：放假時去爺爺奶奶家。

現在：放假時叫你們去他們的爺爺奶奶家。

過去：唱歌、演戲演個沒完——而你們就算很想去睡覺，還是得擺出專注的模樣欣賞。

現在：拍 YouTube 影片。那些影片你們不會有任何機會看到，因為你們永遠不會知道他的頻道名稱。

過去：偷拿你的手機或是相機，然後隨便對某個東西大拍特拍。
現在：用自己的手機對著自己大拍特拍。

過去：只要電話一響就接。
現在：不接室內電話。

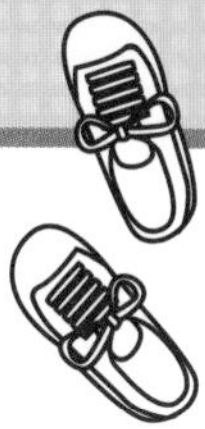

2

與青少年一起生活

家裡有個青少年這件事，意味的不只是一些安排與調整，還有整個家庭從以往至今的生活方式都會有所改變——無論是好或是壞。在小公園度過的下午時光、唯一只需要擔心孩子吃不吃蔬菜的餐點料理，全都結束了。再見了！海灘上的沙堡、鄉間的假期……喔，但也不一定真的完全結束，只不過如果你想要與青少年的共同生活能夠平安順利的話，我的小建議：保有網路分享的主導權。

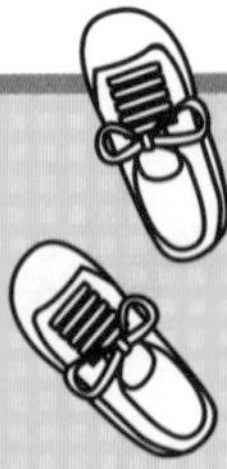

10 一直喊餓的男孩，怕胖節食的女孩

家有青少年就代表必須針對餐點料理習慣進行全面檢視。因為他們並不只是永遠處於飢餓狀態，開飯的時候人也時常不出現……

「我好餓！」

青少年經常肚子餓，而且肚子餓的時間也幾乎和你們大人不同，因為他們會睡得很晚，或是晚上拖到大半夜還不睡。雖然他們肚子餓，卻很少願意吃燙蔬菜；而且一天到晚喊餓，完全不在乎是不是吃飯時間，畢竟全家一起吃飯是相當重要的事，因為

那大概是青少年唯一會開口和你們說話的時刻（他們大部分的時間都躲在房間裡不出來）。注意了！雖然他們「開口和你們說話」，但我並不保證語氣一定和順。

請備好你們的耐心。家裡的青少年就算從兩個小時前就喊肚子餓，可是當你喊「吃飯了！」人卻不過來，更不用說如果你喊的是「誰要來擺碗筷？」這句話——**對青少年來說，擺碗筷和收拾餐桌比看牙醫還痛苦。**

小建議

和青少年一起擬訂每週工作安排，讓每個人都能夠參與家事。你們也就能夠避免一場沒良心競賽：「我昨天已經擺了，我是負責星期六的」、「我十五天前已經收拾過餐桌了」等等。

媽媽坦白說

克萊兒：家有兩名青少年（十五歲與十七歲）的媽媽

我注意到孩子有的時候會喜歡負責煮飯做菜，我覺得這會讓他們有責任感。就某方面來說，也能夠讓他們為未來生活做準備。因此我們家每個月一次由他們負責煮飯做菜，而且老實說還挺好吃的。另外，起碼他們那一天就不會批評我們家的飯菜（我也發現他們很少會煮茄子呢）。

家裡要有存糧！

每天飲食如果能夠攝取足夠的五樣蔬果，當然是最好的。可是如果你希望預防有人半夜肚子餓時翻箱倒櫃，那麼請事先準備一道澱粉類食物吧。**分量大概是以前的兩**

倍——特別是家裡的青少年是男孩，更不能少。至於女孩呢，她們怕胖怕得要命，反而會傾向另一種極端，也就是節食。關於這點你得要特別注意了，因為有些麻煩事或嚴重的問題，就是從青春期開始累積，所以準備營養、不會太油膩的餐點滿足大家的胃，**吃了也不會有罪惡感是件很重要的事**。

如果你家裡有個在發育的兒子，你就認了吧。晚上十一點，甚至是半夜三點，他一定又會餓了，然後隔天又是一樣的循環。所以，你可千萬別對家裡的存糧太有信心，因為很有可能就在你前去察看與決定去煮飯之間全掃光了。所以切記，不只要準備存糧，還必須把你最喜歡吃的巧克力偷偷藏起來。

青少年的營養需求

- 十三至十九歲的女孩：每日二千四百卡。

● 十四歲的男孩：每日二千七百卡。

● 十七歲的男孩：每日三千卡。

青少年可能會缺乏鈣、鐵、維他命D與維他命B9。請多多攝取乳製品、蛋、紅肉、含鐵食物，以及蔬菜。（是的，就算已經十五歲了，還是得吃花椰菜！）

資料來源：法國食品衛生安全局

11 勉為其難與父母共度假期

啊，假期！我們一整年期待的就是假期了。我們一家開心地聚在一起，用力地參觀博物館、名勝古跡，在遠離俗世的度假小屋或旅館好好享受，每天不是在花園裡看書，就是往山上走……嗯，差不多是這樣啦。

那已經是以前了！

因為如果你還固執地以為自己的寶貝還對植物和古跡有興趣，並依此安排計畫的話，**那你的假期不會好過了。**你將會看到一個瘦高的傢伙，在距離你身後十公尺的地方拿著手機拖著腳慢慢走，想辦法收到網路訊號。兩天之後，你會很想把他丟進湖裡，而他則是想逃到其他城市去找他的好朋友——聽說他的那些朋友很喜歡研究不同城市的風土人情，但你知道那當然不是真的……

青少年喜歡在度假的時候進行社交：在海中或是在戶外游泳池（相片貼在社交軟體上比較好看）、能夠一個人去吃冰或是去咖啡廳而沒有爸媽陪同。你會問，這是否代表讓他參加夏令營比較好？不是的。但是如果你們喜歡夏令營的話，那也是一個好辦法。

變通方式如下：

- 和家裡也有青少年的朋友合租一間度假屋（你們有難同當）。
- 問他要不要帶一個朋友一起去。
- 選擇距離商業區近或是騎腳踏車就到得了的地點。

- 預備他會喜歡的活動，像是遊樂園、滑水、衝浪等等。
- 與網路熱點的距離小於一公里。
- 帶一頂帳棚，讓他能夠多一點自主的感覺。

簡而言之，在度假期間，你越是努力讓你家的青少年能夠有屬於自己的生活與步調，你們的假期就越有機會玩得愉快。

你也可以試著減少對他們作息時間的要求、信任他們、把會引發情緒的話題——像是考試成績與作業——暫時擱在一旁。**夏季是適合言歸於好、創造共同回憶、重新出發的時節**。你尤其要提醒自己，不久之後（或許是明年），他們會難為情地問你可不可以跟朋友出去露營就好。所以，請好好把握孩子還願意跟你出門的時光！

孩子幾歲時可以讓他們自己出去玩？

孩子十六歲之前，若要出門度假，做父母的最好還是想辦法陪一下。目前有專門為青少年、童軍團所設計的營隊，讓青少年在沒有父母陪同、但有成人照顧的情況下，好好度過假期。

十六歲到十七歲之間（依據你家孩子的成熟度而定），可以准許他們和朋友來場輕旅行。先從距離不遠的短行程開始（而你們可以在距離幾百公尺的地方投宿）。要求他們準備好旅行用品，還有行程安排計畫需經過你的確認，並且要打電話報平安……等等。旅行能夠淬鍊青春，當你家的青少年旅行結束返家之後，將會變得成熟（還有可能髒兮兮）！

12 課業學習——別再當他是小學生了

關於回家作業

那個回家作業只有背一首詩、練習三則加法、兩則減法的日子已經是久遠前的事了。自從上了國中，回家要寫的就是全科作業了，**這也是發現你的數學程度低於……嗯，小學六年級的時刻**。然後，你會開始懷疑自己當學生的日子是不是和孩子相差了兩個世紀這麼久；以前所學的不但比較簡單，有時按一按計算機就能解決一道題，而非像孩子現在面對的數學題，竟然讓你抓破頭皮也解不出來！

總之，你家的青少年有很多作業要寫，可是，一：他就算受到你的威脅，也不願意把作業本給你看；二：你只有國語文幫得上忙，其他科目你完全不懂。

結果，你家的青少年將考倒你當成了遊戲：「有啊有啊，我寫了數學作業，是或然率和積分。你要檢查嗎？」

「呃……不用了。」

成績出來了嗎？

每一晚，我們會反射性地問孩子這個問題，而這個問題通常得不到答案。沒錯，很奇怪吧，可是這個學期就那麼剛好沒有小考成績。儘管你問了又問，孩子的反應就跟你一樣訝異。他的老師就是不常考小考，而考過的那幾次成績都還不錯，「別擔心啦！」孩子這麼對你說。你一方面想偷懶、一方面想聽天由命，於是就不再怎麼追問了。你對自己說，反正期末的時候自然就會知道。

其實講白了，就算現在的趨勢是減少用分數斷定學習能力，也不可能一個月都沒有任何考試吧？所以**某個學科一直都沒有考試成績肯定有鬼**。

不過，如果你家的青少年近來的考試成績並不出色，你也別跟著慌張。**通常青春期會伴隨著某種程度的學習鬆懈**。但是這可並非意味著你的孩子會淪落為無業遊民，而是表示：你的孩子發現人生還有其他有趣的東西，像是朋友、異性朋友、電玩，特別是孩子經常需要多一點時間適應國中與高中的步調。

媽媽坦白說

克萊兒：家有兩名青少年（十五歲與十七歲）的媽媽

我那個十五歲的兒子很討厭寫作業，所以我採用了番茄工作法：我買了一個小計時器給他。他每晚在書桌前先開始以三分鐘為單位專心寫作業。三分鐘不算什麼，卻是跨出去的第一步。他知道只要每專心寫三分鐘就有五分鐘的休息時間，也就願意提筆寫作業了。在一小時當中，就這樣三分鐘、五分鐘地重複交替進行。好玩的是不用多少時間，他就完全不需要休息了。我認為那是因為他覺得寫作業得花上好幾個小時的時間，所以才這麼害怕寫作業。當他知道只要撐三分鐘就有「權利」休息，心裡也比較輕鬆了。

當成績退步時，如何提供協助？

- 不要給孩子更多不必要的壓力。成績優秀是很重要沒錯，可是並不是所有的孩子都能考前幾名。幫助你的孩子找出喜歡的科目，並且鼓勵他投入心力學習。樂趣是一種比威脅更有效的動力。

- 問他需要你幫忙什麼。
- 在各個科目的成績都退步之前，與老師安排會談。
- 稍微注意一下與孩子往來的對象。有的時候，光是一段有害的友誼，就足以讓孩子脫序。
- 與孩子依所設定且能力可及的目標達成共識。不可能在連續兩個學期數學拿Ｃ的情況下，要他拿Ａ。
- 別大驚小怪，但也別不去面對。突然退步的成績，有可能是青少年所發出的警報，也有可能是某個大麻煩的信號。
- 嘗試與你家的青少年談談未來的志願，帶他們去就業博覽會，提議參加暑期實習。讓青少年明白學校只不過是人生之中的一個階段。

小建議

- 你家的孩子已經長大了，正常來說，不應該再需要你陪他寫作業了。如果成績還可以的話，**請對他有信心**。
- 要是你覺得孩子有些失常，最少要檢查他的課表，確認需要完成的事項與期限。
- 如果某些科目（數學、物理或其他科目）完全超出他們（包括你）的程度，就交由某個學生、親人、老師等人指導。你不需要特別去學，畢竟幾年後考大學的人不是你。
- 在孩子寫作業的時候**關閉網路**。
- 藉助條件交換：**這不好，但很有用**。範例：「好吧，如果你念完了『中國農業』這一章，我就讓你玩一局魔獸世界。」
- **讓他們看電影與影集，但僅限於原音版**。這有潛移默化的效果。

13

不喜歡和家人一起行動？

要青少年週末的時候跟你去逛博物館，他很有可能會問你自己到底做錯了什麼。是的，你不要失望，那麼多年來，用背帶背著、用嬰兒車推著，帶著他一起逛展覽，到頭來其實只是一場空。目前的你肯定有這種感覺，但那只不過是你的感覺。給自己一點時間吧，他們的好奇心一定會回來的。他們只是荷爾蒙佔據大腦太多的位置，以至於大腦過度受到荷爾蒙的驅動。你得記住這個基本概念：**你已經超過十七歲了，所以你又老又落伍。因此，你的提議和想法都不大行。**

可是這並非要你舉白旗投降！**其實青少年是喜歡和父母在一起的，就算他們想盡辦法證明事實並非如此。**只不過他們很愛故意在父母面前表現出寧願跟朋友在一起的樣子。很麻煩吧，但就是這樣，甚至有的時候在誤打誤撞之下，他們忘了自己討厭你們，而會和你們一起，一家人共度整個下午。

爸爸坦白說

匿名爸

做爸爸的經常覺得很難跟家裡的青少年溝通。一方面是因為害羞，另一方面則是因為他們已經不是小孩子了，而是很難應付的瘦高少年。不過我注意到，只要和他們玩遊戲或是運動，像是玩一場足球、週末一起滑雪，或是去山裡走走，父子之間很快就會回復原有的默契。在那些時候，我們扮演的不再是老會罵人的父母，反而像是孩子的好同伴。不用對他說太多的道理、我們只要拉近彼此的距離，一起創造其他不同的回憶。不過大部分的時間裡，我們會發現精力輸給了自己的孩子，這當然不能算是好事呢。

媽媽
坦白說

匿名媽

最近我很難跟女兒溝通。她什麼事都不想和我一起做，寧願去找朋友，不然就是賴在床上滑手機。能夠拉近我們倆距離的，是浪漫喜劇。我們會彼此介紹對方看自己最喜歡的浪漫喜劇，像我介紹她看《新娘百分百》、《BJ的單身日記》，而她介紹我看《生命中的美好缺憾》。從那時之後，我們每星期固定會找個時間坐在電視機前看一部「女生」的電影。我們沒有聊什麼，但是我們都很開心。有時候，她會若無其事地靠在我身上。可是十分鐘後，當她發現我把她最喜歡的毛衣用洗衣機高溫水洗，還是一樣會氣得用力摔門……但就算是這樣也沒關係，我會盡量往好處想。

可以與青少年一起從事的活動建議

- 演唱會：你們和家裡的青少年一定會有共同喜歡的樂團或歌手。如果真的沒有的話，就試著去喜歡他們聽的音樂，偷偷買演唱會的票給他們一個驚喜。或許一到達演唱會現場，他們就甩掉你們，但你們還是成功將青少年拉離了3C螢幕。
- 電影：通常會是容易達成共識的活動。雖然只是盯著一片螢幕看，但可以一起走路或騎車去電影院。散場後，還可以一起去餐廳，在享用美食時聊剛才的電影情節。你看，這不就是個親子交流的時刻嗎？
- 遊樂園：正常來說，十六歲的孩子還是很吃雲霄飛車這一套的。來吧，請鼓起勇氣坐上這輛死亡列車！你的孩子一定會很害怕，到時你就握住他的手安撫他吧——但有時候，可能會反過來……
- 運動：一局足球、網球或是去一趟游泳池，全取決於你的喜好。請鼓勵孩子動一動吧。

- 展覽：但得要是與都會藝術或是他們感興趣的主題有關，像是電玩、時尚、運動……等等這類能有互動性的展覽。什麼立體派或形象主義派的展覽，就再等個幾年吧。
- 逛街購物：無論男孩或女孩，青少年都頗為注重自己的外表。可以問他們要不要一起去買件新的牛仔褲或好看的T恤（並且由你付錢）。

14

變得不愛乾淨？

幫孩子洗澡的時間是很神聖的。你和另一半都還會感動地回憶起那些一個幫小孩洗澡、另一個拿著毛巾準備接手的日子。你的孩子身上永遠都是香噴噴的，不久以前，你也還會把頭埋進他們的脖子，嗅聞他們身上的奶油香。他們的頭髮也從來不油膩，不需要天天洗。

只不過……

邪惡的荷爾蒙大軍來了。青少年無論是男孩或女孩（就算經常是男生比較明顯

——謝啦，睪丸酮！），坦白說身上都臭臭的。**當你第一次聞到那股臭酸味時，還以為是自己身上的味道**，接著，你會開始到處尋找那隻可能死在某個櫃子後方的動物……結果，在沖了兩次澡、噴了一堆體香劑、搬動家裡的所有傢俱之後才恍然大悟——這股似乎滲進沙發與靠墊的汗臭味，源頭就在你家寶寶的房間……

醒醒吧，自從孩子長了體毛之後，就已經不是個寶寶了。是的，**青少年有體臭，但是他們自己卻經常聞不到**。更恐怖的是，他們對於洗澡開始敬謝不敏，甚至就像是對於香皂與洗澡水有程度不等的恐懼一樣。

青少年跟浴室的各種連結：

關在浴室一小時都不出來的青少女

女孩子從十三、四歲開始，就會開始想化妝——最少遮掩臉上的痘痘。她可能會花好幾個小時試用不同的睫毛膏、重綁十五次馬尾、想辦法消除黑頭粉刺。如果你在這個時候進浴室，迎面而來的就會是憤怒的吶喊。不過，你應該要有心理準備，她待這麼久，不是為了把自己打理得乾乾淨淨……

幾乎不願意踏進浴室洗澡的青少年

男生比較會有這樣的狀況（但女生也可能會這樣）。問他上次什麼時候洗的澡？他說……是昨天吧？（明明在說謊）。對他來說，洗澡很浪費時間，也很費力。他會辯解自己沒出門，所以沒流汗、不髒。總之，他怎麼樣都有話講（而且他聞起來真的很臭）。

待在浴室裡不出來的青少年

……不是為了洗澡。這點我們就不明說了，不過當小男生發現自慰的樂趣之後，滿腦子想的就全是這個，所以在浴室鎖門不出來。當你要他出來時，他就憤怒地抱怨。不過你可別作夢了，他不會因此乖乖主動洗澡的……

為何青少年不愛洗澡？

因為洗澡代表的是脫衣服看見自己的裸體，而青少年對於身體的變化——長高、變胖、長毛、身體開始出現曲線——還無法理解，也沒辦法處之泰然。不洗澡，是某種形式的否認、拒絕看見這些轉變。

這是精神科醫師的好心解釋。

另一個比較實際的解釋，那就是：他懶惰。

要怎麼讓他們乖乖洗澡呢？

首先，如果他們有對浴室完全置之不理的表現，甚至健忘到忘記洗澡，我們就得注意是否還有其他問題，比如情緒憂鬱、成績下滑、自閉等等症狀。若有，請諮詢醫生或精神科醫師，因為你家的孩子也許罹患了憂鬱症，這可是輕忽不得的事。

如果你的孩子感覺非常健康，只是衛生習慣不好的話，那麼你可以用幽默的口吻暗示他，洗澡是不用看日子的，而且很少有人會在洗澡時淹死。

還是沒有反應？那麼，在你對孩子說出傷人的話之前，不如先買一罐適合他的膚質且味道好聞（男生就選木質香調；女生就選溫柔香調）的沐浴乳。**有時候，其實只要一個小動作或一件小東西就可以扭轉情勢：**買個體香劑或香水也一樣可以。

如果無效呢？

那麼，我必須很遺憾地跟你說，你必須出手處理了。一般來說，如果是女生的話，就由媽媽來；如果是男生的話，就交給他爸爸吧。不過可別直截了當說他很臭，這可是很傷人的哦。提醒你，**青少年全身上下有百分之九十九是由「敏感」所組成（剩餘的百分之一則是汙垢），所以他們比你想的還要脆弱很多。**如果要解決這個問題，有個好方法，就是和孩子討論汗臭味的根源來自荷爾蒙與不洗澡。你以自己為例告訴他，如果你每天不洗澡的話，身體就會有臭味，接著強調是因為你，甚至是全家

人都快受不了才會和他談這件事。提醒他，為了全家人好，每個人就必須遵守某些規則，而他不注重個人衛生這件事就違反了規則。

通常事情會很快就會解決。當青春期的高峰過了之後，青少年的流汗量與汗臭味都會減少。在這裡，我得特別告訴你，其實你說的那些話都比不上他的朋友直白地說他臭得跟死老鼠一樣、或是有口臭還令他在意。**通常只要朋友一說，問題一定立刻解決。**

15

令人頭痛的房間亂象！

家有青少年，通常就等於家裡會有房間跟垃圾場差不多……

壞消息是：青少年通常會跟你唱反調。你堅持什麼，他們就反對什麼。所以要是你很在意屋內的裝潢布置，地板上只要有一隻亂丟的襪子就會讓你直冒冷汗的話，那麼，我只能跟你說加油了！

媽媽坦白說

匿名媽

你覺得耳邊好像常會出現那個有些尖銳又似曾相識的聲音？那是你媽媽看到你房間雜亂得像刑案現場，忍不住對你大吼大叫的聲音——好了，現在你的聲音聽起來也一樣了。我知道這種聲音很嚇人，可就是免不了會這樣。你家青少年的房間就跟他腦子裡的想法一樣：亂七八糟。這也是他把對於社會生活——特別是家庭生活——規則的反抗，體現在他整理房間的態度上。他將這個空間視為屬於自己的空間，而不讓自己變成他所討厭的形象（媽媽以及她對一切發號施令的癖好），則是他最看重的事情。再加上他因為懶惰，會想盡辦法賴在床上，於是他的床也就成了食物儲藏室、洗衣籃、書桌以及垃圾桶。

媽媽坦白說

卡洛琳，四十五歲

我這個人對於整理收納的要求並不高，可是該適可而止的時候就該適可而止。別告訴我該照顧青少年的敏感心理什麼的。我呢，就拿著一個大垃圾袋，然後下最後通牒：不是清出空間，讓人好好走路不會被地上的垃圾切斷腳，就是讓所有沒收好的東西全進垃圾桶。通常過了一個小時再去看，就會變得好一點。而對於眼前這景象我也不會期望太高，因為我知道所有的東西不是堆進櫥櫃就是床底下，不過起碼看起來整潔多了。

有沒有什麼好辦法讓他的房間不要跟垃圾山一樣？

我老實跟你說：可能沒有。如果有的話，至少我還沒找到。對一個青少年來說，自己的房間就像是某種避風港。不整理房間是某種劃定領地的方式。所以要進他的房間之前，請先敲門或是通知一下他本人。也不要未經他同意或是趁他不在的時候，擅自整理他的房間，免得你不小心丟了他很在乎的東西。（是的，這個漢堡紙盒對他而言可能具有情感價值。）請提醒自己，那是他的房間；當那道門關起來時，你可以多想一下，他把自己關在垃圾堆裡究竟哪裡妨礙到你？況且到時**第一個因此受到懲罰的人，也經常是他自己**，比如他會因為把衣服隨便堆著而找不到一件乾淨的褲子穿。理論上來說，你的孩子會慢慢發現把東西收納整齊是為了自己好。

不過你還是可以要求你家的青少年注意衛生。如果你聽見他的床底下有老鼠，或是他偷偷養蟑螂，你有權把所有的東西都清光光。你也可以認真地與他就某些規矩上達成共識。

會腐壞的食物不准放房間

- 房間必須固定通風，尤其是臭味已經散到屋內其他空間了（你有權住在混亂的環境裡，但是我們也有權不用戴防毒面具呼吸）。
- 衣服不要放在電暖器上面。很危險。
- 水、茶、巧克力等飲料不要靠近電腦。理由很清楚。

當沉默說明了青少年的不整潔

事實上，和你所想的完全相反，如果你家青少年的衛生習慣很糟糕，其實跟你一點關係都沒有，完全不是你的錯，總之是他大腦的錯——這是美國賓夕凡尼亞大學神經學系系主任法蘭絲・傑森所提出的論點。這位神經學家在華盛頓郵報發表一篇文章，文中提到，如果想要瞭解為何青少年能夠受得了自己的房間這麼亂：地板上有成堆的衣服、桌上疊了好幾個優格空盒、至少有三或四碗吃了一半的麥片到處亂放……就得研究他大腦內所隱藏的祕密。

而她所得到的研究結果頗為驚人：**青少年容忍混亂（或是對於整理這件事表現得無比懶散），是大腦所下的指令**。儘管荷爾蒙也有分，但是青少年絕大部分的行為都得歸因於大腦尚未發展成熟。大腦並不是在兒童時期就發展結束（與你我所以為的不同），而是在青春期時仍繼續發展。簡單來說，就是前額葉皮質區——主掌批判、計算風險與衝動控制——與大腦負責尋找樂趣與報償的區域尚未完全連結。換句話說，**青少年「清楚」自己的房間髒到不行，但是他們並沒有因此而產生不快感。**

3

性事——青少年棘手的問題

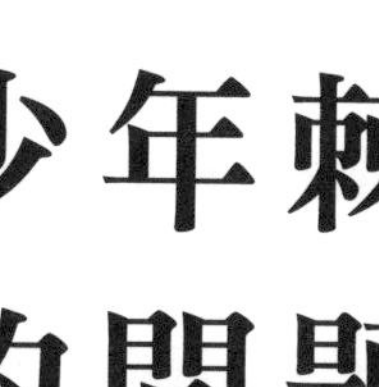

你以為在孩子八歲左右，向他解釋小寶寶事實上並不是從肚臍裡生出來的，就算善盡父母的職責了嗎？很抱歉讓你失望了，你給的這個解釋只不過是一道開胃小菜而已。因為知道寶寶是怎麼生出來的，跟準備有性經驗完全是兩回事。現代的青少年可輕易接收到豐富的資訊，不像我們當年得靠健康教育課本或是黃色書刊與Ａ片。他們就跟當年的我們一樣，既好奇又恐懼。

16 與青少年談性

如果說與青少年之間有什麼敏感的話題，那就是這個了。在給他性教育的同時，不表現得過於唐突冒失，又不會令自己懷疑人生，根本就是個大難題。一道鐵律：尊重他的隱私，傾聽他的心聲……

該怎麼談性呢？

這個問題非常廣泛，因此答案不只有一個。因為每個孩子都有自己不同的需求，也沒有舉世通用的教學手冊，尤其是——我再次重申——**必須找到最適當的距離；必**

須讓青少年對這個話題感到自在，才有能力回答疑問，但也不能自在到忘了他們一點也不想要聽你的經驗分享！所有心理醫師的看法也是如此。**無論你的孩子幾歲，任何在你臥房裡發生的事情，都與他們無關**。當然你的孩子有可能在某天無意間聽見（許多房子的牆壁薄得跟什麼一樣）或撞見你們夫妻在做什麼，但那和「知道自己父母的感情好」與「跟父母分享他們的經驗」之間的差別可大了。此外，父母不應該和孩子說起自己對性的幻想，也不必瞭解孩子對性的幻想。

所以，在不提及你們夫妻的情況下，和他們談性，尤其在這個利用手機就可以觀看色情影片的年代，你必須要提醒他們：色情影片的情節與真實生活毫無相關；而且得身心都準備好了，最好還有愛情的狀態下，才可以跨出那一步，至於是不是朋友間的第一個或是最後一個根本不重要，也無須在意。

最後，**無論你家的青少年是男是女，請向他強調說「不」的重要性**。告訴你家女兒她有說「不」的權利；告訴你家兒子，要把女孩子的「不」聽進去，並且給予尊重。當然他也有說「不」的權利。

三個與家裡青少年談性的黃金守則

1. 就算問題再難，你也不要迴避。
2. 永遠不要談論你們夫妻自己的經驗。
3. 別侵犯他的隱私。就算你非常想知道他的想法與一些細節。

當你撞見孩子在偷看色情影片時該怎麼辦？

可以這麼做：

- 和他談這件事。
- 問他那些內容是不是嚇著他了。
- 安慰他，告訴他那些情節不會在現實生活中發生。

- 讓他問想問的問題。
- 提醒他，性行為是一種愛的表現方式，不是性器官大小的競賽。
- 檢查你的電腦與手機，安裝家長監控程式。

別這麼做：

- 罵他或是處罰他。因為他很有可能是不小心看見的。
- 不願意和他談談。這對他來說是雙重傷害，畢竟他所看見的影像會在他心裡留下陰影。
- 裝作什麼事都沒發生。其實孩子直到十四歲，都會受露骨的影像影響，你得確認他的心理狀態。
- 強迫他開口談這件事。他或許需要時間才能夠好好地表達出內心的感受。

放手，交給專業人士或其他人

要是你家孩子提出的問題很多，又讓你感到擔心的話（像是：我的那裡會不會太短？我的胸部會不會太小？），與其勉強回答，不如交給家醫科或婦產科醫師為他解答。如同有時候，當我們對孩子的課業幫不上忙，也需要專業人士協助，尤其**青少年會比較願意把心事告訴別人，也比較願意聽進別人的話。**

小小的法律觀念：合法性行為年齡

在法國，合法性行為的年齡為十五歲，亦即滿十五歲就擁有性自主權。不過與某幾類人從事性行為除外：一個滿十五歲的未成年人不得與父母、繼父母、有身分上的優勢者（教師、營隊或是實習的指導員）或是醫生發生性行為。若有上列情事發生，家長可依「誘拐未成年人」向對方提出告訴。

其他國家的合法性行為年齡

土耳其：十八歲；烏克蘭、瑞士、蘇格蘭、英國、愛爾蘭：十六歲；斯洛維尼亞、瑞典：十五歲。

※台灣為十六歲。

17 何時談避孕？

你的寶寶玩樂高的情景如同昨日，但其實已經是十五年前的事了！嘿，相信我，他現在的目標是玩別的東西，所以當鴕鳥是無濟於事的。我也要事先告訴你，他們可是不會先發e-mail跟你說「我的初夜要來了」。

避孕：談得晚不如談得早

必須要在「事先」，也就是「現在」，開始談避孕這個話題。至於寶寶是怎麼生出來的，如果你幾年前已經和孩子談過，或是學校課本也教過了，那就太好了。但對於如何談論這個敏感的話題，我以一個原則為出發點，那就是**爸爸和兒子談，媽媽和女兒談**（如果沒辦法，或是你們夫妻想要共同分攤所有大小事——包括這件事——當然也沒有關係）。單純只是女兒通常不會想跟爸爸談避孕，而兒子和媽媽談保險套也會覺得很尷尬。

媽媽坦白說

匿名媽

我認為當女孩子有了男朋友或是月經一來，就得談這個話題。在法國，初次性行為的平均年齡為十六至十七歲，不過那只是平均值而已，有的人會比較早，尤其是有些女生也許猶豫了很久之後突然就答應了……事先連一句話都沒有跟你提過。我自己是替我那十六歲女兒買了一盒保險套，當她去參加派對或是夏令營的時候，我就要她帶著。至於避孕藥的話，因為她還沒有真正固定的男朋友，所以考慮這個的話還太早。我知道現在也可以讓年輕女孩裝避孕器。我介紹了我的婦產科醫師給她，並且告訴她，有任何問題的話可以直接預約，不用問過我，畢竟我覺得她自己在醫生面前會比有我在場還自在。另外，我同時也給她看了家庭計畫的宣導資料，我還特別強調，她什麼事都可以跟我說，而且我們也一定會找到辦法的。我其實不確定當她告訴我，她擔心自己是不是懷孕了的時候，我還能不能這麼冷靜，但是我希望她夠信任我，知道我一定會幫她……

爸爸坦白說

匿名爸

我可能要讓你們失望了，不過我想在我那十六歲的兒子離家參加營隊之前，我們父子倆算是有好好談這個話題。要談這個話題前，我並沒有生氣也不覺得錯愕，畢竟時候也到了。我買了一盒保險套，帶著使命必達的決心（我太太還幫我把要和他說的話寫在幾張小便條紙上），進了他的房間。我鼓起勇氣，直直望著前方，把那盒保險套遞給他。他也同樣直直地望著我身後的牆，一語不發地把保險套放進包包裡。由於他媽媽在門後等我，所以我問他可不可以在他房間多待一下，好讓他媽媽以為我們有好好地談一談。他說沒問題，然後就繼續玩他的電玩，我則是在一旁滑手機察看我的電子郵件。十五分鐘後，我走出他的房門，並且告訴我太太，我已經和兒子好好地談過了，而且能夠和他進行一場真正屬於男人間的對話感覺很好。每個人都放心了。真棒！

談避孕，沒有那麼容易……

你現在應該已經瞭解如果跟一個青少年談避孕的話，他的心中只會有一個想法，那就是：**與其和自己的爸媽討論保險套乳膠品質的好壞，不如鑽進老鼠洞裡**。不過有時候，其實只要讓他知道父母都會陪著他，並且提醒他自我保護的重要性就夠了。

如果還是難以啟齒：其實建議年紀還小的青少年學會自己戴保險套是很有用的事；因為「第一次」的時候難免緊張又激動，所以可能會笨手笨腳的……如果身為父母的你覺得自己沒辦法跟孩子建議這種事情，或是不想講得太明白的話，可以帶他去請教醫生、親戚或是某個你們可以信任的男性。不然在最壞的情況下，也可以拿根香蕉來練習……

18 當青少年對自己的性向有疑惑

對青少年來說，青春期經常是段充滿疑惑的時期。某些友誼有可能因為太過濃密而可能有愛情的味道，這也讓我們的青少年不安：「我這麼喜歡跟他耗在一起，是不是因為我是同性戀？」有的孩子則是發現自己老是被同性所吸引，但是他們並不真正承認這一點，而且在青春期的時候便明白這並不是一時的愛戀，而是真實的性向。

不管如何，無論是一時的情感矛盾或是確實的同性戀，這些問題或是這種意識，都是焦慮的來源：「我如果是同性戀的話，爸媽還會愛我嗎」、「我是不是不正常」、「我會找到愛嗎」……更別提他人經常投來的無情眼光。

很少有青少年願意在這個敏感又涉及隱私的話題上，向父母坦承自己內心的想法。可是我們**做父母的通常都有種直覺**、某個小小的聲音悄悄對我們說：「我的孩子可能是同志……」事實上，如果孩子自己不說，我們也很難找他談這個話題，因為他的反應不是不理你，就是跟你鬧彆扭。不過要是他向你坦白的話，千萬別排斥他——就算這對做父母的人來說，實在是很難接受的事實。我們可以有同志朋友、支持同性戀平權，但要是自己的孩子是同志的話，就完全不知所措。

為什麼會有父母難以接受？

因為父母會希望看見自己的孩子幸福。儘管社會風氣有了改變，同性戀也有結婚之類的權利，但仍然存在著許多的抗拒與阻力。儘管如此，身為父母的你還是必須讓腦子裡那個不停在問「這種事為什麼發生在我們身上？」的聲音止息。

一方面，**這是發生在你的孩子身上，不是你們**。另一方面，**這不是病，也不是殘疾**，孩子就只是想做自己而已。事實上，他也必須比別人更努力才能獲得接納，這一路上都需要父母的支持，也需要感受到你們給他的愛並不會因為他的性向而改變。他依然還是那個可愛、有趣、聰明、有時難搞（還有汗臭味）的孩子。

要是你覺得自己沒有足夠的能力解答他的疑問，或是平息他內心的焦慮——**某些青少年在接受自己的同性戀傾向前，都會經歷一段否認期**，伴隨著某些具有風險性的行為（憂鬱症、使用毒品或酒精逃避現實）會在這段時期出現——那就請你諮詢青少年精神科醫師，或是與同志家庭協會相關的機構聯繫。畢竟你的孩子與第三者談論這個話題想必會容易些。

4

青春期——渴望各種體驗的年紀

如果你以為身為青少年父母最難的部分，是應付孩子因為長了粉刺而亂發脾氣，或是電玩打不停，那你就錯了。青少年的一切都還在建構中。他們為了找到自我，會用盡一切心力去尋找，只是有時候會往不該去的地方找；有時甚至會嘗試越界或是觸犯禁忌。一般青少年都相信自己永遠都不會老，也不會遇到任何危險，而某些招致危險的行為就是這麼發生的……我並不想誇大：有些青少年就是會去碰毒品，會在星期六晚上喝酒狂歡；而有些還處於搖擺不定或零星嘗試的階段。所以，家有青少年的父母還是得睜大眼睛，保持警戒。

19

化妝

以前，你家女兒化妝是為了參加同學的生日會或一些表演活動，她會利用大量亮片和蝴蝶圖樣裝飾自己。但現在，透過許多的網路教學影片，她成了眼線達人。你得習慣你的寶貝女兒正要變成一個大女孩了……

幾歲可以開始化妝？

法定化妝年齡並不存在，但是得注意不要讓青少女過於性感。中規中矩一點還是比較好：不要一概禁止，但要時時注意……

媽媽坦白說

匿名媽

很難給個確切的年齡，不過女孩子通常在接近十三歲的時候會開始嘗試化妝。每個媽媽都會依據自己的經驗和對女性化妝的看法而有不同的反應。有的會覺得沒什麼，有的則會被自己改頭換面的女兒嚇壞了。我個人是覺得完全取決於妝容。整個地球的面貌不會因為畫個眼線、上一點睫毛膏就改變的，而且或許她也能夠因此而多一點自信。如果青春痘太嚴重的話，上一點清爽的潤色乳霜也是好的。至於口紅呢，我認為可以等到十五、六歲，或是遇到重要場合時再使用。總之，一切都在可接受的範圍內。不過與其逃避這個話題，不如選擇參與，幫助她畫個低調的淡妝。因為我得提醒你：越是不讓她畫，口紅就擦得越紅越厚。況且你又不能整天跟在她旁邊檢查她是不是在學校廁所偷擦了一堆化妝品……

爸爸坦白說

匿名爸

我女兒幾歲可以開始化妝？嗯……永遠不可以。坦白說，我不知道幹嘛回答這個問題，因為我女兒一輩子都會是我的寶寶，永遠不會有男生靠近她。

穿高跟鞋呢？

很多人都還記得湯姆・克魯斯的女兒在五歲的時候就穿了高跟鞋。一種孩童賣弄性感的聯想，令人不寒而慄。我們都同意五歲穿高跟鞋實在太早了，可是如果家裡十三歲的女兒吵著要穿高跟鞋的話怎麼辦呢？或許可以從醫學方面找到答案。人類的雙腳在十三歲之前會不斷長大。穿高跟鞋可能會造成足弓變形，所以鞋跟超過一公分都不行！至於脊椎骨則會繼續生長至十八歲左右，太高的鞋跟可能會引發腰椎疼痛或是造成脊柱損傷。不過，如果要你的女兒在十八歲以前都不穿任何高跟鞋，就跟希望她在整個青春期都不要態度不好一樣，都是不切實際。在她國三、高一，甚至是高二的時候，可以答應讓她穿高跟鞋，只不過最好鞋跟要選偏寬、厚的類型、而且高度不要超過七公分，並且叮嚀她小心走路，不要摔跤。高跟皮鞋就留給喝喜酒或是參加一些重要場合時穿，其他時候則是可以穿厚底鞋或是跟高五公分的靴子。

20 刺青

※依台灣民法規定，未滿十八歲者請人刺青，需經過法定代理人同意。

這一天還是來了……你家的青少年為了慶祝十五歲生日，竟然要刺青！

當孩子把這個願望說出口之後，飯桌上陷入了沉默。你非常平靜地想用別的東西代替刺青，可是他表現得十分堅決，於是你知道行不通。你可以問他為什麼突然想要刺青，提醒他刺青會留在身上一輩子，某些行業也會因為刺青而不聘用他，還得必須在衛生乾淨的地點，由專業的刺青師傅操作，價格也很貴。

想改變他的心意，可以試試看這麼做：

- **給他看失敗的刺青作品**：網路搜尋得到。那些失敗作品看起來真的很糟。
- 提醒他上一次打針時哀叫得有多慘，並且告訴他，**刺青一次等於打幾百支針**。
- **建議他先試試暫時性刺青**。暫時性刺青其實就夠好看的了。
- **詢問他的動機**：通常這個問題能夠暫緩他實際付諸行動，因為他其實不能百分百確定自己願意帶著刺青過一輩子。

如果他是經過深思熟慮才下決定呢？

- **先答應他**，不過要半年後才可以去刺青（這可以為你爭取到半年的時間等他自行改變心意，或是找到了讓他打消主意的對策）。
- **商量**刺在衣服蓋得住的身體部位（像是不要刺在脖子上）與容許的最大面積

（不用一開始就刺一頭從屁股延伸到肩膀的龍）。

- **反對**孩子將男朋友或女朋友的名字刺在胸口上（給他看雷射除刺青的影片）。
- **陪他去**，確保他不是在亂七八糟的環境裡用劣質顏料刺青。
- 確認孩子想在手腕上刺的文字拼寫正確。拼字錯誤比圖樣醜陋還可笑。
- **就接受吧**。

21

青少年與手機

以前，你的孩子有心愛的玩偶，現在，他有手機了。不過要是你幫他申辦網路吃到飽，是想要讓他能夠隨時打電話告訴你他人在哪裡，那就表示你還相信有聖誕老人……

什麼時候可以給他手機？

關於這個問題，理智的想法與實際做法是兩回事。

理智的想法：「我的孩子在高中之前，我不會給他手機，不過這也很難說。反正他們也不會需要手機；電磁波會傷害大腦，而且萬一他的手機不見了，我們還得花時間幫他重買一支。」

實際做法：「這六個月來他不停地吵著：『只有我沒有手機，你毀了我的社交生活，我要去死，我活著還有什麼意義（再來「啪」一聲地用力甩門）！』這種噪音簡直比電鋸聲還難忍，最後，你在他國一的時候只好買手機給他。那些能努力撐到國三才給小孩手機的家長，你們值得敬佩。坦白說，真的很難做得到。就算不是手機，我們也得承認時代已經改變，而且**能隨時找得到人還是令人安心**。

關於「隨時找得到人」這件事……

對他的朋友來說是這樣沒錯。但對家人呢？青少年不僅不會用手機打給家人，當你打過去時，他們也不會接（或幾乎不接）。可是很奇怪，當你有話要跟他們說的時候，他們不是在電梯裡收不到訊號、或上課、或正在睡覺，不然就是轉靜音模式或是手機沒電。那你每個月荷包失血的意義何在？結果是讓他用ＩＧ、和朋友在臉書上聊天、用濾鏡特效自拍、玩手遊……

如何限制手機使用？

既然他們很少（或幾乎沒有）用手機打電話，我們就不要做傻事了，選擇買預付卡給他就可以，也不要受他的情感威脅（「如果我沒有４Ｇ，我就不要活了」）。手機已經可以上網，只是沒能網路吃到飽，但你家裡都已經花錢裝寬頻了（當然前提是他們在往學校的路上不需要網路，上課時也不需要用到手機）。不要選擇太新型的手機給他，以免放學時成為勒索的目標。萬一他已經有一支流行的手機的話，建議他用醜醜的手機殼，不要讓人看出他的手機型號。另外，如果你和他的充電器是同一款的話，請在你的充電器上頭做記號，因為青少年遺失手機充電器的頻率就跟小學生弄丟膠水一樣高，而由於青少年跟沒良心可以劃上等號，他一定會想辦法證明你的充電器是他的……

媽媽坦白說

克萊兒：佐伊（十四歲）的媽媽

當佐伊上國一的時候，我答應買手機給她，因為她得自己去學校，這樣就能夠隨時知道她人在哪，我也會比較放心。可是我很快就發現，事實上這反而不是件好事，因為理論上，我可以隨時找得到她人，可是實際上從來沒有。每次要打給她，我心裡都免不了要上演小劇場。以前她還沒有手機的時候，起碼我不用這樣傷腦筋。不過我跟你們保證，只要是為了她一定要立刻找到的運動內衣，不管我是在和大老闆開會，她絕對會打電話來吵我，而這時候，她的手機就不會沒電……

務必要跟青少年達成的協議：

- 手機不上飯桌。
- 晚上睡覺時手機不進房間，得留在客廳。
- 如果手機在課堂上被沒收，老師一定有那麼做的理由，別代替他求老師把手機還回來。
- 家人打電話的時候，一定要接。到達目的地時一定要打電話報平安。
- 手機掉了，不會買新的給他。
- 手機掉進馬桶，不會買新的給他。

22

社群網路：幾歲可以開始使用臉書？

上了國中，青少年大部分會有兩個要求：要手機、要設臉書帳號。這兩個要求，通常有一就會有二，畢竟大部分的手機都是智慧型手機。

臉書：十三歲之後才准許用，而且需要家長管控

如果有個領域需要家長特別注意，那就是這個了，因為**准許你的孩子使用臉書，並不是一件無關緊要的小事**。當然，這種社群網路有其優點：能讓他與朋友聯繫，有

時和班上同學開群組討論作業（以及老師）。可是我們不能選擇當鴕鳥。對青少年來說，臉書是一個說話可以毫無顧忌、可以在上頭分享照片的地方（不過，那些記錄他們生活的照片，也將永遠不會消除），但有時臉書也是一個讓他們公開被甩的地方，而這也是臉書最主要的風險所在：網路騷擾。

十三歲之前不准用臉書的八個理由：

1. **臉書官方禁止**。當然你可以填寫假的出生日期……可是既然設定了最低使用年齡，就一定是有理由。那是因為我們通常認為青少年在滿十三歲之前，面對某些惡意使用者毫無招架之力。

2. **臉書上很容易認識不好的人**。儘管進行帳戶隱私設定，盡可能讓陌生人無法察看你家孩子的個人檔案資訊與貼文內容，他們的生活還是會暴露在陌生人之前——像是透過臉書功能察看「朋友」所進行的活動與他們說讚的內容等等。怪人確實到處都有，可是社群網路上的怪人又更多。不過在滿十三歲之前，要青少年抗拒有幾百個

「好友」的誘惑並不容易。

3. **臉書裡有不少令人不適的內容**。這個社群網路的曖昧之處就在這裡：禁止裸露胸部，卻充斥著暴力影像、個人激進言論，甚至是於炸彈攻擊現場清楚拍攝的影片，而且還一而再、再而三地出現，連搜尋都不用，只要有朋友分享就會看得見。坦白說，你一定不會希望你的小孩看見這種東西。

4. **家族裡的大人也會在臉書上胡說八道**。有的時候身邊的人也會發表逾越尺度的言論。那個人有可能是某個叔叔（他忘記自己的姪女在好友名單裡，於是就在臉書分享在咖啡廳裡聽見的粗俗笑話）；也有可能是你自己（在夫妻爭吵過後，在臉書上回應自己夫妻的感情狀態），除非你的貼文設定了閱讀權限。

5. **青少年的臉書大多是文字能力低落的發文**。十三歲之前的青少年還不具備足夠的國文基本閱讀與寫作能力。再加上青少年經常以簡訊和表情符號進行溝通聯絡，到後來，他們的國文平均程度有可能無法獲得提升。

6. **除非自行刪除，不然上傳的東西不會消失**。你會想要十五年後，當你的寶貝找工作時，結果應徵公司的人資或老闆發現你女兒以前會收集以無腦出名的偶像明星海報，或是五歲時還尿床嗎？不會，對吧？

7. **真實的生活比較好**。臉書會慫恿我們玩像是糖果或開心農場等等遊戲。但是目前讓你家的青少年吃真正的糖果、去爺爺奶奶家採真正的農作物是不是比較好呢？

8. **有可能在臉書上遭到霸凌**。我們都聽過網路霸凌的案例。經常只要一點點小事就會引發衝突：收到出言侮辱的私訊、丟臉的照片被分享幾百次……未滿十三歲的孩子，還沒有成熟到可以承受這種暴力。

一旦和青少年達成協議，家長要如何管控呢？

我們和他一起編輯臉書帳戶的個人資料，並且設定不公開。他的一些詳細資訊，像是住址、電話等等也必須進行隱私設定。

我們可以決定讓別人沒有辦法加你家青少年好友（不過得先說，要讓孩子同意這件事可能會是大工程）。我們還可以設定只讓朋友看得見他分享的資訊（要注意的是，臉書可以設定讓朋友的朋友也看得見那些資訊，當心不要勾選了）。

接著，我們必須認真地告訴他們接受陌生人加好友的風險，並且要求他們分享照片時要讓你們先看過，尤其在一開始的時候。

父母要加青少年孩子為臉書好友嗎？

啊！你知道對**青少年來說最可怕的惡夢，就是和自己的爸媽成為臉書好友**嗎？而且青少年比你們還懂得設定臉書，很快的，你就屬於那些只能看到他部分貼文與資訊的「好友」了。所以加臉書好友是沒有用的。特別是你得先好好地想一想，自己是不是也真的願意讓孩子與他的朋友看你所有的貼文呢？不願意，對吧？

除了加他為好友外，你知道還有其他方法能控管他的臉書帳戶嗎？就是**要到他的密碼**。如此一來，你就可以偶爾檢查一下有什麼狀況發生——但是**這不是要你監視他，而是替他架設一層安全網**。這也會讓青少年在PO文之前，因為知道自己的爸爸媽媽可能會看，所以先再審視一下內容。再說他也有可能會改密碼……要是一切都沒問題，而你們親子之間也能夠互相信任的話，通常你也不會常去看他的臉書了。而要是你家的青少年顯得驚惶不安，並且說起了網路或是其他形式的霸凌，你就沒有任何理由不去看他的臉書了。

有三成的青少年表示，曾經在國、高中校園裡遭到霸凌

青少年就算在學校裡，也有可能成為暴力的受害者……霸凌者藉著霸凌的行為控制他人，而弱勢家庭的孩子則最容易成為他們的攻擊目標。有的時候，霸凌的行為會延伸至網路上或是根源於網路。在法國，十五歲以上的青少年當中，有百分之十六坦承遭到網路霸凌。根據法國教育部最近的調查顯示，有一成的青少年與學校霸凌相關，相當於一百二十萬人。

資料來源：聯合國兒童基金會法國分部

霸凌：有哪些徵兆？

這是個很嚴肅的主題。根據統計，有十分之一的國中生會遇上霸凌，可惜最後一個知情的，往往是當事人的父母。因為**青少年千不怕萬不怕，只怕讓自己的父母擔心**。於是他們會為了保護父母，選擇隱忍，並且用許許多多的笑容或是壞脾氣掩飾自己內心的痛苦。

要未卜先知很困難，但是有幾個警訊可以讓你提高警覺：

- **成績一落千丈**或是課堂上的行為出現改變（表現好的學生經常是霸凌的對象）；青少年會為了融入群體，嘗試表現出叛逆的行為。
- **響個不停的手機**：發送訊息進行霸凌是常有的狀況。如果你感覺你的孩子只要一讀訊息，整個人就會變得不對勁，那就要試著去確認他是不是受到了連續的辱罵攻擊。

- **與他的死黨變得疏遠**：霸凌者會教唆其他人孤立受害者，尤其是受害者最好的朋友。
- **身體出現狀況**：像是濕疹、消化或是睡眠問題都有可能是心理障礙轉化的生理症狀。
- **易怒**，突如其來的哭泣。

當你確定孩子遭到霸凌時，該怎麼做？

- 找他的導師、任課教師、學校行政人員或是校長談。
- 在談話的時候作筆記，以防校方後續沒有任何處置或是假裝不知情。
- 保留來往的語音留言、訊息、e-mail，只要霸凌夠嚴重的話，就提出告訴。
- 嘗試聯繫霸凌者的父母。

- 被霸凌的孩子經常認為一切都得怪自己。請告訴他，被霸凌不是他的錯。
- 請專業人員協助。
- 孩子被霸凌的家長、被霸凌者，或是霸凌的旁觀者，可以撥打防制霸凌專線。（※台灣請撥打113。）

23

當青少年想和朋友出去玩

以前他生日的時候，你會讓他邀朋友到家裡慶祝；你會買充氣氣球、安排尋寶遊戲，讓這群小朋友吃水果軟糖，同時在心裡祈禱不要有哪個小朋友對明膠過敏。雖然安排這樣的活動很累，但是起碼幾乎不會有什麼風險。可是當你家的孩子到了十五歲的時候——有時候更早——「安排活動慶祝」指的完全是另外一回事……

孩子邀朋友到家裡玩？——父母適用的生存小指南

「邀朋友到家裡玩」與「有父母在場」，這兩者可是完全不相容的。你家的青少年問你們可不可以在朋友來玩的時候不要在家，要是可以的話，隔天再回家更好。而當他受邀去朋友家的時候，他堅決不要你打電話給對方父母確認他去的不是一場見不得人的狂歡派對。如果你還是堅持打電話，他會說**你是要讓他丟臉還是怎樣？**

如果他邀朋友到家裡玩，建議你這麼做：

- **做好撤退的準備**。如果你不想毀了你家青少年的社交生活，就不要在他的朋友來家裡玩的時候在場。就是這樣，沒什麼好談的。至少你就帶著食物好好待在你的房間裡，說話時也盡量壓低音量。
- **預先告知鄰居**。甚至如果你想與鄰居保持良好關係的話，請他們吃飯或是包個紅包，讓他們不要在晚上十點過後因為吵雜聲而打電話叫警察。
- **準備餐食的分量必須是受邀人數的兩倍**。青少年食量超大的。
- **絕不提供酒精飲料**。一定會有人喝啤酒之類的酒精飲料，但至少不能是你們家提供的。請把你們家的酒精飲料收起來或藏起來。

- **把家裡值錢的東西藏好**。不一定是怕有人趁機偷竊，只是二十幾個過度興奮的青少年聚在一起，有可能毀了你從國外運回來的珍貴瓷花瓶。
- **找到一個離家不遠的地方過夜**。因為萬一警察上門的時候（如果你對鄰居太小氣的話……），有人會打給你求救。
- **與其禁止吸菸（根本沒有用），不如堅持要抽菸就得去陽台、院子或窗邊抽**。你也要準備好菸灰缸，免得在花盆裡找到菸蒂。
- **做突擊檢查的準備**。如果你並不怎麼放心（坦白說，這證明你有常識），請假裝忘了拿東西，**回家突擊檢查**。理論上來說，你無預警地回家一趟，將會為家裡的歡樂派對劃下句點，因為你想必會發現哪個人在廚房吐了，又哪個人和哪個人躺在你的床上（可不是在聊天），還有哪個人躲在陽台上偷喝烈酒。

爸爸
坦白說

皮耶：茱麗安娜（十五歲）的父親

我女兒在家裡開第一場派對的那晚，我們半夜二點回到家後，她的朋友都走了，我們也沒發現有任何喝酒的跡象，所以我最擔心的事情並沒有發生，畢竟我完全不想打電話通知別人的父母，請他們來把醉倒在我家浴室的小孩帶回去。所以看來，他們只有喝可樂而已——至少我是這麼認為的，而且對眼前的結果很滿意。接下來的那個週末，我有朋友來家裡玩。當我倒蘭姆酒給他們當開胃酒時，發現瓶子裡的酒還是滿的，可是……裡頭裝的是水。家裡的馬丁尼酒也是這樣。原來，他們偷喝了我的酒，還在瓶子裡裝滿水掩飾！我不得不說，真的夠狡猾了！

媽媽坦白說

芬妮：西蒙（十六歲）的媽媽

為了讓孩子人生中的第一場「像大人一樣」的派對能夠順利進行，我和他爸爸就到朋友家過夜。在那之前，我們給了他一長串的禁止項目，我想他應該是有遵守，因為隔天整間房子看起來幾乎都還是乾乾淨淨的，只是很奇怪，從那之後，我們鄰居都不跟我們說話了。都已經一年半了，真久。

孩子幾歲可以單獨跟朋友出去玩？該採取什麼樣的預防措施？

第一個問題很難回答，因為有些青少年比其他人早熟一點；有些則是從小乖到大；有些則是很快就展現出他們的想像力和創造力。

這樣說吧，在十四歲之前，我們只准許他們和朋友去看電影，看完就要立刻回家；或是參加朋友的睡衣派對；或是晚上十點就會結束的夜間玩樂活動。但是青少年在滿十五歲過後會要求得更多。**如果一味反對的話，只會適得其反。**

訂出必須遵守的界線

- 到達目的地時，必須以簡訊告知。
- 可以的話，拍照證明自己確實在約定好的場合，而不是在市郊的圍牆上亂塗鴉。
- 禁止喝酒（至少原則上如此）。
- 在規定的時間內要回到家。
- 明確禁止搭乘酒後駕駛的車子回家。關於這最後一點，萬一你是住在沒有大眾運輸的地方，最好還是請孩子在原地等你們去接他，或是替他叫計程車，否則只好讓他留下過夜。

24

幾歲可以開始喝酒？喝多少？怎麼喝？

有的青少年會開始想要喝個啤酒，藉以嚐嚐喝酒的滋味。注意了，所有的專家一致認為大腦的發育要到二十五歲才結束，而酒精對神經元並不好。

幾歲可以開始喝？

如果你認為在孩子二十五歲之前，你都管得到他喝酒的話，那你就大錯特錯了。

不過你倒是可以規定他在滿十六歲之前都不准喝酒。接著，與其告誡他酒精對人體的危害——這會讓你在他眼中就像個老頑固——不如**試著讓他知道品酒的好處，也順便告訴他，品酒家會將品嚐到嘴裡的酒吐掉**。另外也要讓他知道，拼酒——也就是在越短的時間內喝越多的酒——對青少年來說非常危險，因為會導致酒精性昏迷、失控、帶來性侵害風險等等。教他學會細細品味不同酒種的不同風味，也就是教會他適度的飲酒才會懂得賞酒……

可以喝多少？

在家的時候，和表兄弟姐妹在一起，或是爺爺的生日派對上，你可以管控他喝酒的量，但是他在外頭狂歡的時候，你就管不到了。

雖然如此，還是有幾個小妙方可以控制傷害的程度

- 在規定的時間內回家。在滿十八歲之前不准在外頭熬夜不睡。

- 建議他叫計程車回家。是的，這很討厭，可是知道你們會在半夜十二點或是一點的時候等門，這樣應該能夠讓他喝酒有節制一點。
- 在他回家的時候，只要你們聞到他身上有酒味，就質問他，讓他知道你們不是那麼好騙。

你們也可以和他談談酒精會造成什麼有害的影響。不過我再說一次，請記住這個基本原則：**青少年自以為有不死之身**。所以你那些什麼肝硬化的論點就省省吧。你的兒子或許比較擔心的是性無能，而你的女兒則是擔心毛孔變大、氣色灰暗。雖然聽起來膚淺，可是這個年紀的孩子哪會管什麼「健康」啊？

啊！對了，抱歉，**避免青少年酗酒的最佳方法大概就是身教了**。要是你自己每週末都喝得醉醺醺的，或是你只要下班一回到家便立刻打開一罐啤酒喝，你的勸說就沒有可信度了。萬一你真的偶爾會放縱一下的話，請讓他知道，你不會開車，而你們夫妻其中一個人會為了能夠開車而不喝酒。

如果我家的青少年喝太多呢？

一個參加派對的青少年偶爾調酒喝太多，和一個青少年每星期六——甚至是平日都喝得醉醺醺地回家，兩者是有差別的。

通常你會立刻發現以下徵兆：

- 氣色差。
- 成天昏沉想睡。
- 情緒不好。
- 口氣經常帶酒味。
- 成績一落千丈。
- 不斷地要錢（酒畢竟比汽水貴）。
- 脾氣暴躁。

只要有任何懷疑，請尋求專業機構與人士協助。寧願反應過度，也不要忽略任何蛛絲馬跡。

從國中就開始喝酒

根據法國國家人口研究院統計，有百分之二十七點五的國中生、百分之五十三點三的高中生和百分之六十五點九的大學生，曾經有喝醉酒的經驗。

25 香菸、大麻：拒菸的少年為何也抽？

當他還小的時候，他會把你的香菸藏起來，或是在你剛抽完一根菸的時候，喊著你的嘴巴很臭。或者，你雖然不會抽菸，但是他仍然反對抽菸。於是，你對自己說，至少當他青春期的時候，你就少煩惱一件事。但是，你壓根兒沒料想到「流行」的影響力……

抽菸的青少年在同儕中比較顯眼

在國中的時候，抽菸是「極酷」的外在標記，能夠抗拒的孩子真的很厲害。是的，真的有孩子抗拒得了。不過以前那個反對與香菸有關的任何東西的孩子，有可能偷拿了你的菸，或是用開學時奶奶給的零用錢買菸。

正視孩子抽菸的蛛絲馬跡：

- **味道**。這絕對是第一個可供辨識的線索，因為他沒有賴在爺爺奶奶身上或是咖啡廳的理由。再說，咖啡廳早已禁菸了。
- **無意間在他房間裡找到打火機**。
- **「不見了」或花掉的錢**，但給不出原因。
- **窗戶底下有一堆菸蒂**。
- **突然每晚都樂於替你跑腿買東西**。

青少年與香菸：過早建立的關係

根據統計，法國有抽菸習慣的人口當中，有百分之四十的人年齡介於十六至二十五歲之間。而第一次抽菸的平均年齡為十一、十二歲，也就是孩子上國中的年齡。

資料來源：法國國家拒菸委員會

家裡的青少年會抽菸怎麼辦？

和他談談，提醒他抽菸所造成的危害，就算如同先前所提及的，青少年不怕生病，因為他們自認會青春不老。最有效的方法是：**停止給零用錢**。現在香菸價錢越來越高，這應該可以降低抽菸量。

如果是女生的話，強調抽菸對於外表造成的影響：

- **頭髮失去光澤**（這年紀的女生很在乎自己的頭髮）。
- **氣色暗沉**。
- **口臭**。
- **毛孔粗大**。

順便提醒她，雖然抽菸能夠降低食慾，但是我們戒菸得越晚，戒菸成功之後就越容易發胖。所以就長期來說，**抽菸會導致肥胖！**

如果是男生的話，強調抽菸令女生倒胃口的一面：

- **影響勃起功能**。
- 讓**女生退避三舍的嚴重口臭**（她們不喜歡和抽菸的人接吻）。
- **抽菸會嚴重影響運動表現**。

以下幾個建議大致上可以鼓勵他們戒菸：

- **家長不抽菸**——起碼在家裡的青少年面前不要抽。
- **禁止在家裡抽菸。**雖然他們可以在外頭抽，但這至少可以減少他們的抽菸量。
- **如果你會抽菸的話，千萬不要問孩子要不要也來一根，**這會助長他的菸癮。
- **提議帶他去精神科諮詢菸癮相關問題。**
- **與其懲罰他、恐嚇他抽菸會導致癌症，不如讓他知道抽菸是盲從的行為。**沒有任何青少年喜歡當盲從的人。
- **鼓勵他多運動。**通常有運動的習慣，抽菸會不太舒服。
- 試著與他討論出他開始抽菸的動機，以及促成抽菸習慣的背後因素。

「救命啊，我家的青少年抽大麻！」

首先恭喜你察覺了這個事實，因為並不是所有的父母都能夠及早發現；有的父母要花上好幾個月、甚至更久的時間，才發現自己的孩子並不是每個月都會感冒。我並不是要嚇你，可是根據二〇一三年法國毒癮與毒品觀察院的統計顯示，有百分之四十一點七的十七歲年輕人抽過大麻。要知道人生中的第一根大麻通常是在國中的時候抽的，而且大麻對我們孩子的誘惑力比起以前的世代大上許多。**青少年不會向誘惑屈服，而且有不少人會去嘗試**。有的人試過一次就夠了，有的人則會開始固定抽——而這些人無論是智力或是身體都有可能受到傷害。大麻並非公認的硬性毒品，可是卻會造成注意力不集中，以至於用來思考、閱讀與計算等等的短期記憶力衰退，更不用說誘發某些精神疾病（像是思覺失調症），那些精神疾病的發作，有可能導因於一場不順利的旅行，或是嚴重焦慮，也有可能是吸入過量的大麻或是對大麻所產生的不良反應。

總之，千萬不能輕忽青少年的大麻問題。就算你自己曾經親身嘗試過或是現在偶爾會抽。

如何知道家中青少年抽大麻？

觀察。一個有抽大麻習慣的青少年，會有注意力無法集中的問題。他會變孤僻；結束聚會回到家之後會莫名地特別飢餓；雙眼通紅、眼皮無力。另外，一盒盒剪過的香菸（為了要濾嘴）、捲菸器（你並沒有准許你的孩子抽菸）、菸紙（你並沒有准許你的孩子抽菸），這些都是需要注意的線索。

尤其要聽從自己的直覺——無論是為人父親或是母親的直覺。**如果你心裡懷疑的話，最簡單的方法就是「直接問本人」**。注意了，答案可能令你難以接受，不過進行對話這件事非常重要。青春期矛盾的地方就在這裡：**親子間的對話比以前複雜許多，卻有其必要**。青少年需要能夠訴說心聲，也需要自己的心聲被聽見。換句話說，要是你的孩子承認自己吸了大麻，請你要穩住。要是你發飆的話，你的孩子有可能從此不再和你談這個話題。

雖然如此，你當然會忍不住讓他知道你聽了之後有什麼感受，你沒有怪他、沒有臭罵他一頓，反而與他交換想法。你們談的不再是身為話題中心的孩子，而是你的感受。你可以利用這一點，開啟新的對話。

要是你們的對話無法讓他停止抽大麻的話，請立即尋求專業人士的協助。我再說一次，**有的時候交給專業人士處理並不是丟臉的事**。

青少年父母的十大焦慮

我並沒有要告訴你有哪十大焦慮。其實這麼久以來，你們自己也很清楚：有了小孩就代表著許多的愛與無比的擔憂（還有無數次每天晚上喊的「來吃飯！」卻喊不來）。打從他出生以來，你對這個寶寶就有許多的擔憂：怕他從寶寶餐椅摔下來、怕他身上骯髒、怕他一輩子說話口齒不清、怕他在學校哭、怕他上課的時候尿褲子、怕他在公園受傷……等等，除非你覺得這些根本都沒什麼。那麼你還記得當孩子剛出生時，你父母是怎麼一再地對你說？「孩子小，問題就小；孩子大，問題就大」——這句話是不是老惹你不高興？那時你對自己說，不會有什麼比反覆胃食道逆流還嚴重的了。還記得這些都是以前的事？在寶寶長成青少年以前，在你的擔憂變得更加、更加地嚴重以前……而現在，你擔心他：

1. 吸毒。
2. 被侵犯、攻擊。
3. 退學。
4. 學壞。
5. 不再愛你們。
6. 找不到志向。

7. 蹺家。
8. 得厭食症。
9. 被騷擾。
10. 患憂鬱症。

5

恐怖的
青春期危機

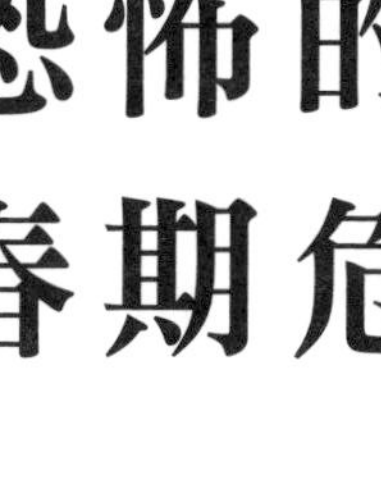

「別煩我」，「我討厭你」，「不要，我不要去奶奶家」，「你什麼都不懂」，「你連我剪了瀏海都不知道」，「我要買摩托車」，「我想回答的時候就會回答」……這些話，你最近應該聽過不只一次吧？歡迎來到青少年父母俱樂部！或者更確切地說，是小孩正出現青春期危機的青少年父母。當我們準備要生小孩時，很少有人向我們提起或是認真說到這段恐怖的時期。很奇怪，就像妊娠紋、小兒腸絞痛或是細支氣管炎一樣，直到我們倒楣遇上了才會知道有這回事；而也是遇上了之後，大家開始分享自己的經驗，讓我們知道有多「恐怖」。

26 青春期危機的各種表現

是的，青春期危機有可能很恐怖！如果要說安慰你的話，那麼我會說，這種危機其實無論對你或是對你的孩子來說，都一樣恐怖。因為如果你為了他的陰晴不定、冷淡所苦的話，你的孩子也只是為著存在所苦。青少年已經不是個孩子了，但也還不是個大人；夾在這兩個階段當中，他覺得迷惘，於是討厭起了自己、也討厭起了父母，可於此同時，卻又很需要自己的父母；他想要長大，卻又不想長大；他戀愛了，可是卻又沒辦法把這種感情具體化；他不在乎學校，卻又會為自己的前途擔心……等等。青春期危機有什麼樣的表現方式呢？這就是有趣（或不有趣）的地方：有多少青少年就有多少種青春期危機。來看看幾種不同的青春期危機表現方式……

傳統型

某些青少年的表現方式很「傳統」。**他們的青春期危機表現完全依照常軌：**甩門、不幫忙做家事、不想上學、出言不遜、事事唱反調。雖然會讓做父母的覺得很累，但也算好處理：因為我們知道需要處理的是什麼，而且我們對於日常的衝突、反覆無常的情緒、被請到學校，也幾乎習以為常了。

該如何處理？

盡力而為囉。試著讓他知道，我們在他那個年紀時是什麼樣子；試著安撫他，因為在這種具侵略性的行為背後隱藏的是極度的焦慮；要有耐心，因為這段危機終會度過──雖然時間很可能不會很短，也或許會有後遺症，但是終究會過去的。**青少年與父母起爭執，是因為他需要脫離父母長大。**而這脫離的過程令他感到心痛，他的反應就像被膠帶黏住毛髮一般：一把用力撕下這種折磨（同時也順便撕碎你的心……）

爸爸坦白說

希里爾・瑪儂（十六歲）的爸爸

瑪儂在十四歲之前，一直是個可愛的小女孩，接著，在我們眼中的她突然變得好陌生。傲慢、不討喜的她，在兩年的時間當中完完全全毀了我們的生活。有幾個夜晚，我會藉口要開會不回家，因為我知道回到家之後，就得忍受她的脾氣、叫罵。我想大概一整年裡，除了她的朋友來找她的時候，我從沒看她笑過。她會嫌東嫌西：餐點很噁、她的房間很爛、媽媽是老古板、爸爸——也就是在下我——是個老混蛋、我們聽的音樂是垃圾等等。我們的心很痛，可是我跟她媽媽都不放棄，不斷地告訴她，我們愛她，就算是嚴重的爭吵過後，我們也會說愛她。與此同時，我們依然不准她半夜十二點過後出門，也一樣注意她的功課與成績……等等。後來，她變回原來的瑪儂——我說的是那個可愛的瑪儂。現在她上了高二，整個人超級快樂、親切、情緒也很穩定。

厭食與暴食

你家的青少年看起來很好。他不挑釁或冒犯他人、在校成績沒問題，唯一讓你煩惱的事情，就是他的飲食習慣——或者更應該說他都不吃飯（或是反過來，吃太多太多了）。總之，就是他想減肥。而且想要變得很瘦很瘦。其實男生就跟女生一樣都會發生飲食失調的問題，而且大部分還是從青春期的時候開始。與我們所知的相反，那些雜誌大力宣揚、唯一崇尚的苗條形象並不是問題的根源。**厭食症與暴食症都是某種控制自己身體的慾望所表現出的症狀**；因為對於自己的身體，青少年總覺得無法掌控且倍感驚嚇，只有藉由支配它，讓它變瘦、不讓它飽足，青少年才會覺得自己似乎能控制它了。

該如何處理？

可以透過專業人士的協助。飲食失調的問題如果沒有處理的話，可能會非常嚴重；可惜這些青少年通常都無法待在父母身邊。這對孩子罹患厭食症的父母來說等於是雙倍的折磨。遇到這狀況，請諮詢專門的精神科醫師或是信任的家醫科醫師。許多人會否認罹患這類的疾病；你的孩子也有可能向你保證一切都很好，但是實情並非如此。如果沒有精神科醫師協助的話，這種疾病將會逐步侵害你的孩子。

不說話也提不起勁

在青春期危機當中，有幾種狀況相形之下較不引人注意。就是有些青少年並沒有暴力傾向，或是挑釁的行為表現，**但就是完全提不起勁**，整天睡覺，在家裡時時刻刻都擺出一副不快樂的樣子。他封閉自己，不再與朋友往來。有的時候還會同時出現懼學或是嚴重焦慮等等狀況。

該如何處理？

得謹慎以對。青少年缺乏精力、成天無精打采是很正常的現象。然而如果這種現象持續，你也不再覺得他身心安好，就得試著和他聊聊。同樣的，對於嚴重焦慮，處理方式也是如此。青春期是強直性痙攣與痙攣的好發時期。但是如果以上的這些狀況不斷重複出現，或是你家孩子不願意搭大眾運輸工具、每個星期一早上都會不舒服等等，那就是內心極度不快樂的信號。此時，首先要採取的做法就是去諮詢專業人士。

衝撞界線

這個我們先前已經提過了。青少年淡定的外表底下，有顆好奇的心，而且非常好奇——甚至太好奇，有時會毫不猶豫地嘗試所有可能會帶來危險的東西，像酒、大麻、香菸、超速、結交損友等等。**青少年這麼做通常不是故意要激怒你，而是要衝撞禁忌、拒絕限制、證明自己比你強、證明自己活著。**

該如何處理？

傾聽，同時更嚴守界線，就算被當成最糟糕的老廢物也沒關係（反正對你家的青少年來說，你早就已經是了），而做法可以是設更多的限制，但同時也需要更多的陪伴：夜晚檢查他呼出來的口氣；強迫他接受聚會或派對結束之後去載他回家，避免機車夜遊的機會。

萬一孩子沒有青春期危機，會很糟嗎？

有些孩子確實沒有青春期危機，而這種沒有任何危機出現的狀況，叫做「你的孩子一切都很好」。總之，從外表上看起來是這樣。我知道，這是別人家的孩子，就有點像是從醫院回家後便能睡過夜，或是長牙時從不會亂哭鬧的寶寶一樣。是的，那種寶寶的父母經常是很了不起的（有些還真的相當了不起呢）。青少年也一樣。有的順利地度過十三至十八歲這段期間，在這當中，繼續乖乖上學、臉上就只有那兩三顆消不去的青春痘，也不會對親愛的爸爸和媽媽有任何怨懟。這些孩子的父母呢，通常會驚訝得不敢置信，為了不要有厄運發生或是想像不到的未來，他們會不停地跟身邊的人說：「目前還好啦，可是會不會哪天突然危機大爆發就很難說。」某些人甚至會這麼擔心：「要是我們的孩子一切都太順利的話怎麼辦？這會不會是不好的徵兆？」答案是……「是」，與「不是」。

是的，有可能這種不存在的青春期危機隱藏著的是：**孩子缺乏成長與分離的能力**。因為與自己的父母相處得太融洽，就沒辦法擺脫束縛。另外，我們經常聽到精神科醫師解釋青少年沒有出現青春期危機的話，往後會有更激烈的危機爆發。

但也有可能不是。或許只是因為**你的運氣太好**；也或許你的親子關係經營得太好，所以你的孩子能夠自然地長大，也不會讓你感受到「孩子的出現，分明就是來毀掉你的人生」，而且幾年後，當他發現原來你根本是個邪惡的偽君子，也不至於崩潰。

無論如何，你也不用以人人都說必須得經歷過這段危機為理由，強迫他毀掉你的人生。**如果你認為他真的太黏你了，請鼓勵他學習獨立**，但是也不用因此而硬要他理個大光頭、或是拿個零分回家讓你安心。

27 母與女：劍拔弩張的雙人組！

曾經，你的寶貝女兒想要穿上你那些對她而言太大的高跟鞋，也會成天不停地說你是世上最美麗的媽媽。那真的是一段美好的時光啊！身為青少女的媽媽，你就暫且為這些溫馨的時光、這些心意相通的每個片刻進行哀悼吧。因為相信我，要是說青少年對於家裡哪個人最不留情，那個人絕對是他的媽媽！

當心地雷區！

我就說重點吧。青少女會和最像自己的那個人處處唱反調。那個人，就是媽媽你！她對自己的爸爸態度不一定好，但是她的反叛經常僅止於不和他說話而已（好運的傢伙）。不過對自己的媽媽呢……那可就不一樣了。**任何一切——真的是所有的一切——都是吵架的理由**。有的時候，你不用開口說話，她就可以找到理由為難你：

「親愛的，好好去玩吧！」你說。

「你可以不要再跟我說我得做什麼嗎？」她立刻反嗆回來。

你懂了吧？她會偷拿你的喀什米爾毛衣穿，但是當她把毛衣還你的時候，竟然對你說，反正這件毛衣她穿起來比你好看，而不是向你「道歉」（在青少年的字典裡沒有這兩個字）；再不，就是對你說她很樂意把毛衣還給你，因為穿起來很老氣。

有時，你稱讚她的裙子很漂亮，她會怎麼回？「啊，好哦，謝囉，其實這裙子很老氣，我要換下來了。」

你說她很迷人，她會說：「我變胖了，你就是這個意思吧？我知道我變胖了，你不用再跟我強調了，謝謝。」

這種種一切與她還會跟你說心事的甜蜜時光，老是在你的腦海裡相互交織。但是你必須接受，你們之間的對話，以不悅或暴怒離開的場面結束，應該很可能成為你的日常。

為什麼我的女兒這麼討厭我？

因為她愛你！我知道這麼說對你而言根本沒有用，因為她才剛翻了個白眼，說你讓她丟臉呢。可是，我說的是事實。**你的女兒需要切斷臍帶，才能夠變成一個女人；**才能感覺自己日後也可以成為一個母親。為了切斷臍帶，她得讓自己越討人厭越好；得讓你接受她的考驗。我甚至會說，**在她還小的時候，你與她的感情越好、越是親密，當她的青春期到來時，你就越有可能遇到風暴。**別說我沒警告你。

尤其是在你女兒成為青少女的時候，你大概也在經歷著一段頗為棘手的時期：更年期。這令我們更敏感、更易怒、更脆弱了。**這對哪裡痛就往哪裡打（比如你的年齡）的青少年來說是個禮物，**讓他可以隨手就找到痛處打。

該如何處理？

1. **讓自己變得堅強**：給自己一些屬於自己的時間，和朋友在一起。注意了，我並不是指在下午來一場spa，就能夠解決所有問題。但是我也並不是指那不能夠解決問題。說真的，得要足夠堅強，才有辦法承受一個處於青春期風暴的女孩所帶給我們的折磨。所以好好地對待自己並不是個壞主意，況且撥一些時間給自己，可以讓你稍微和她拉開一點距離——從某方面來說，這也是你女兒所想要的。

是的，**拉開距離，但是不要太遠**。因為你女兒花費不少精力把你推開，可她依然打從心裡愛你；她需要你，需要你的照顧，需要你的陪伴。**沒錯，她需要把你推開，可是你對她而言，依然不可或缺**。

2. **請她爸爸介入處理**。就像當你女兒還是新生兒的時候，爸爸——或是某個可扮演爸爸角色的人，或是某個第三者——應該扮演隔離的角色。**當爭執發生的時候就**

要介入，而不是自動閃躲（你們加油！我要閃了）。這個角色的人，必須阻止你們母女跟對方說出侮辱的話語。

3. **約定停戰的時刻**：像是在星期六下午，或是在星期二晚上（無論假日或平日都好），宣布停戰。注意不能說話帶刺，不相互指責，再順便利用這個階段做雙方都喜歡的事情，比如逛街、去吃日本料理、看電影、做臉……什麼都好，**最重要的是，讓你們能夠拾回原本的連結**。

4. **如果言語溝通容易引發衝突的話，請改用其他的溝通方式**。簡訊、e-mail、IG……有時表情符號或是幾個簡單的文字，更容易表達自己的心情。

5. **讓她明白需要你的時候，你一定都在**。她對你的態度越是不好，你就越是不能放棄。你是她的媽媽，**她可以想辦法讓你沮喪氣餒，可是你永遠不會停止愛她**。

就算你發現她立刻把你最喜歡的毛衣勾破、把你那價值將近六千五百元的粉底用光

——這可是會讓你的母性本能稍微受傷！——你還是要讓她明白，就算你生氣，你還是愛她的。

6

青少年的醫療保健

你該不會以為現在已經不用管什麼健康手冊、疫苗施打紀錄了吧？你錯了！就醫學觀點而言，一個青少年直到十八歲前，都還是個孩子。在這段期間還是得繼續照顧他的健康！

28 健康問題

施打疫苗

人類乳突病毒疫苗：女生十三至十四歲需施打。

矯正牙齒

小建議：你可要開始多準備一些錢了，因為**不需要戴牙套矯正的青少年少之又**少。這正說明為何現在到處可看到矯正牙齒的診所。牙齒真的很重要。到了青春期，就算你的孩子沒有喊牙疼，還是最好定期帶他去檢查牙齒。下顎會隨著骨骼成長而移動位置，而牙齒經常也在這個時候決定「暴」出去了……

如果你家青少年「運氣夠好」，每個階段都需要戴牙套……要跟你說加油了！坦白說，這沒辦法讓他心情變好一點，也沒辦法在他忘記早晚認真刷牙的時候口臭少一點。至於牙醫師給的矯正橡皮筋，你會發現家裡到處都是……請你有耐心一點，因為通常矯正「只需要」兩年的時間。

背部問題

因為知道會有什麼問題，所以我在這裡請你時時注意你家青少年的背部。在差不多十至十二歲之間，就要帶他去看醫生，檢查他有沒有脊椎側彎。**脊椎側彎是一種原因經常不明的疾病**（已知真正的脊椎側彎不會因書包的重量與姿勢不良而發生），但是未來會造成生活上的障礙。所以必須**盡可能及早發現及早進行治療**——復健、穿夜間型或是日間型背架等等——避免未來可能得進行一場（經常算是大型）的手術。

就算沒有脊椎側彎的問題，青少年的姿勢通常也不算良好。你時時提醒他挺胸並不是沒事找事做，只是你要知道，要是他老是一副無精打采的樣子，坐沒坐相，**那並不只是懶散的關係**。事實上，因為正在成長發育，他們會有肌肉張力的問題，而他們的骨骼發育還不夠成熟到可以應付的程度。**所以青少年自然會採取對於背部來說最舒服的姿勢，那就是傾斜一百二十七度**——而在這個角度下，肌肉張力的問題是最小的。這可是美國NASA的工程師說的。所以看來，我們的孩子可不笨呢！

7

溝通：相處融洽的基礎

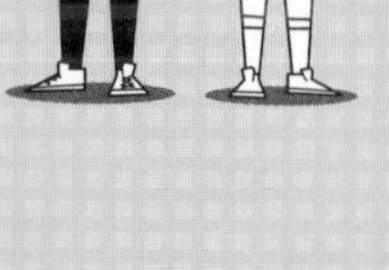

29 青少年受不了的十句話（但我們還是會說）

這裡只有我們，你就說實話吧。以下的句子，你一定起碼說過其中一句：「整理你的房間」；「當我跟你說話的時候，你要回答」；「別跟我頂嘴」；「不要用這種口氣跟我說話」；「這個男生是誰」；「怎麼長了痘子」；「吃飯前不要亂吃沒營養的東西」；「成績出來了嗎」……這幾天你肯定說過吧。除非你是打坐冠軍，心性比達賴喇嘛還平靜。當這個正向光明的小小孩，突然在某一天變成了惡魔——很難相信我們曾經認為這個變成惡魔的傢伙很可愛——你必然會覺得很無力吧。然而大部分的時候，這些無意傷人的話語會讓他覺得你很討厭，反而對你又更有意見了……給你們看幾個樣本。

1.「那個男生是誰？」或者「你在這個時候談戀愛？」

為什麼他聽了會生氣？因為大部分的時候，青少年最不想和他的爸爸媽媽談論自己的戀愛。這是很正常的，尤其是青少年通常會在愛情裡跌跌撞撞，他可不想讓爸爸媽媽知道自己這個樣子。沒錯，你的問題其實是出於好意，可是事實上呢，那跟你完全沒關係好嗎？你會喜歡孩子問你夫妻生活如何？兩人會舌吻嗎？性生活頻繁嗎？

可以用什麼話替代？用傾聽替代。我們等候自己的孩子找我們談他的感情生活。或許當我們感覺他傷心的時候，可以問他是為了什麼事情而難過。至於他回答或不回答……都沒關係。

2.「長這顆是什麼痘痘啊？」

為什麼他聽了會生氣？相信我，你家的青少年其實眼裡只看得見這顆痘痘，尤其你家的孩子是女孩子的話。她們經常會想要躲起來不見人，直到痘痘消了。所以她唯一期待她的爸爸或媽媽會做的事情，就是安慰她、讓她放心：儘管她的臉像月球表面，你還是一樣那麼地愛她。而且，什麼痘痘啊，你根本沒看見。

可以用什麼話替代？透過你的親切好意，可能的話，還有給她的建議與協助：「親愛的，我買了一罐敏感肌專用（千萬別說「問題肌」）的洗面乳給你喔」，或是「你要我們去找皮膚科醫師看你的痣嗎？」這最後一個問題比直接講白要治療她的青春痘還能顧及她的感受，然後就交給醫師處理了，這樣一來，她的內心也比較不會受傷，畢竟對青少年來說，專業人士的意見，感覺還是不一樣的。

3．你是不是胖了？

為什麼他聽了會生氣？你覺得呢？比起青春痘，青少年，無論是男生女生，通常更在意的是體重。因為荷爾蒙的關係，孩子在青春期長肉是常見的現象，但有時也可能是因為食慾變好或是想要藉著吃來平息心裡的焦慮。告訴自己的孩子說他胖了，只會導致一個結果，那就是：讓他更焦慮，引發出更多衝動的行為。你得要問自己，為何會有這樣的想法：是因為你家孩子的體重讓你擔心了呢？還是其實這反映出你自己的體重與身材問題呢？

可以用什麼話替代？如果只是體重稍微增加，而且你家青少年的飲食看起來頗為正常，那就什麼都不用說。可要是你觀察到他的體型真的有變化，而且你也經常撞見他在廚房吃東西，那就不能當鴕鳥了。不過與其當面批評他身上的游泳圈，不如問他為什麼要吃那麼多。「你是真的肚子餓嗎？還是最近有事情讓你不開心呢？想不想找人聊聊？比如營養師，還是心理醫師呢？」你也需要注意每餐飯夠不夠給他飽足感，同時避免在櫥櫃裡塞滿蛋糕餅乾與甜食（但是也不需要一概不給）。過多的挫折通常會導致衝動的行為。你尤其得以身作則，吃營養健康的食物，並且不要邊看電視邊吃東西。此外，與其要他進行飲食控制，不如想辦法鼓勵他多運動。

4．你以後到底要做什麼？

為什麼他聽了會生氣？因為就算看不出來，他們其實還是很擔心自己的未來；尤其從小就時常經歷父母親面臨失業威脅的青少年，對於未來會更擔心。他們確實花在電玩上的時間比研究自己有興趣的行業還多，可是那並不代表他們完全沒想過自己的未來。在這方面如果他們需要什麼，那會是需要知道自己的爸媽相信他有能力找到出路。

可以用什麼話替代？以提議代替命令。「你有沒有興趣去某某手遊公司當工讀生，順便看看自己有沒有興趣從事這個行業啊？」「你要不要去某某工廠看看？」

5．成績出來了嗎？

為什麼他聽了會生氣？因為沒錯，成績出來了。因為他在學校經常考試，而分數總是有好有壞；所以他希望回到家的時候，不要再拿成績的事情煩他。每天問他這個問題，讓他感覺好像你愛不愛他都取決於他的成績。

可以用什麼話替代？有的學校可以線上查成績。你可以藉此知道他的程度，在他的成績一塌糊塗時，訓誡他一頓。特別要注意的是，與其煩惱他的成績，不如問他對哪些學科有興趣；哪些上課的內容他很喜歡（「完全沒有！」）；有哪些地方聽不懂等等。選擇開放性的問句：運氣好一點的話，你或許就有機會和他深談！

6．你好臭喔！

為什麼他聽了會生氣？當然會生氣，但更是覺得受傷，尤其是這麼多年來，他一直很習慣聽到你說他聞起來好香。請你記得：當年，就算他的大便你也覺得香，甚至很有可能你曾經宣稱那有奶香味。同樣的，他的小手、小腳聞起來像起司，可是你還是會親啊親的。結果現在，你突然說他很臭？不只是這聽起來讓人生氣，而且對他來說，這幾乎等於排斥他（讓我們面對現實吧。這個階段的男孩子經常會有體臭——就算有的女孩子也會有）。

可以用什麼話替代？用體香噴霧……認真來說，必須依氣味濃烈的程度而定。如果只有在你靠近時，而且在他每天都有洗澡的前提之下才聞得到的話，那你可以買一罐體香劑給他，然後在他抱你的時候（其實不常有……）憋氣。要是味道真的太重，連他的房間都臭得要命，你也怕影響他的老師和同學，請私下讓他知道（沒必要讓全家人都知道），並以最為委婉的方式向他解釋，他的體味讓你覺得困擾，請他每天好好地洗澡，並且使用體香劑。你還可以買幾件棉質T恤給他——一般來說，棉質比亞克力纖維材質還能減少體臭。如此一來，他就會知道你的意思，但也比較不會感到受傷。

7．到了要打電話給我！

為什麼他聽了會生氣？因為這會讓他感覺自己還是個小孩。你的擔憂讓他覺得很沉重，而他也不懂為什麼自己在沒有你陪的狀況下，才搭幾站的車就得打電話讓你知道他人還好好的，更何況這是一種束縛；一種折磨。

可以用什麼話替代？不需要用什麼替代。繼續要求他打電話報平安，他也會繼續在抵達目的地的時候故意忘記打給你。這是你們之間的老規矩。其實青少年的心裡並非那麼不喜歡知道我們害怕失去他。

8．家裡又不是旅館！

為什麼他聽了會生氣？因為這是責備，而青少年討厭被罵的程度就差不多和討厭被盯著寫作業一樣。他不是那麼明白你到底真正想說什麼，而且事實上，對他來說，是的，家裡就是旅館。他都已經給你面子，願意還讓你在他身邊待著，你總不會叫他幫忙做家事吧？

可以用什麼話替代？隨便什麼話都好，只要你的口吻聽起來不像你爸爸媽媽。原則上，你並沒有錯。你家的青少年在家裡就跟在旅館一樣——除了一點，那就是他根本沒付錢。所以，你有權利期待他多參與一點家事；知道他幾點會回家；知道他會不會回來吃飯。訂定規矩，萬一沒有遵守的話就學他：「忘記」家裡有他這個人；不準備他的碗筷，或是不洗他不屑拿到洗衣籃的換洗衣服。這樣子的做法，應該會比說任何話都還來得有效果。

9．錢又不會從天上掉下來。

為什麼他聽了會生氣？因為他們也知道錢不會從天上掉下來，所以一想到這個就很不安；因為他們其實也很希望錢會從天上掉下來；因為這話讓他有這麼點感覺，像在提醒他，該去賺錢了；因為他們還沒準備考慮未來就業的方向。更何況，他們不懂為什麼你要跟他們提這件他們本來就超級在意的事情。

可以用什麼話替代？什麼都不用：最重要的是，讓你們家的青少年明白錢不會伸手就來，而最好的方式是給他一筆金額固定的零用錢，並且規定他要記帳。或是替他開戶、給他提款卡，這也可以讓他學會管理自己的錢，明白錢很容易就沒了。

10．對對對，怎麼樣都不會是你的錯！

為什麼他聽了會生氣？因為這聽起來很酸，而青少年偏偏對於酸言酸語超級敏感。這個句子呢，一聽就知道暗指他其實經常犯錯。

可以用什麼話替代？用比較直接、明白的句子：「為什麼你覺得承認錯誤這麼難呢」、「你討厭承認錯誤嗎」，甚至要是你有足夠的善意，可以說：「有可能不是你的錯，也有可能是我們的錯，不過一個巴掌拍不響。」

30 父母受不了的十句話（但青少年還是會說）

1．等我一下！

什麼時候會說？當我們請他幫忙擺碗筷的時候；要他動作快一點的時候（眼看都要出發了）；要他趕快上床睡覺的時候；當我們和他談話（罵他），結果他還在發限時動態的時候……等等。

該怎麼回應？有兩個選擇：一個是重複三次你的要求，然後抓狂把他的手機摔到地上——短時間內很能發洩怒氣，但解決不了什麼問題。另一個選擇是考量他的「一下」等於幾個小時，所以你就不管他，開始自己吃起來，或者不說話，只是看著他，直到他發現我們真的在等他的動作。這通常有效多了。

2．吼，別擔心啦！（又等於：「我知道啦！」）

什麼時候會說？當我們問他有沒有作業，或是在學校好不好，又或者都要模擬考了怎麼還出去玩，又或者隔天要考試怎麼還連玩三小時電玩的時候。

該怎麼回應？就裝出放心的樣子，但並不是就這樣算了，而是等晚一點再來管這件事。或是要他自己上網去查成績。但是我們仍然要擔心，因為就算我們常常想要海扁他，我們還是愛他的。

3．有什麼關係啦⋯⋯

什麼時候會說？只要我們稍微念他，或是叫他不要把食物放在房間裡放到發霉，或是不要他把腳擱在矮桌上的時候。

該怎麼回應？「對，很有關係！」事實上呢，他們那句「有什麼關係」就是會讓人生氣。這很正常（尤其是他的鞋子很髒，你的矮桌都是他留下的髒腳印）。你要這麼做：穿著髒兮兮的鞋子盤腿坐在「他的」床上，讓他生氣，好幸災樂禍地對他說：「有什麼關係啦……」

4．等等，讓我玩完！

什麼時候會說？只要我們不要他再看手機、平板、電腦的時候。我們不會意識到忘記儲存的嚴重性。這牽涉到他在兩個小時當中為了過關所付出的努力將付諸流水。

該怎麼回應？除了大喊「不行，不能等十五分鐘，現在立刻關掉，管你有沒有儲存」之外，好像沒有什麼話可以回應。坦白說，唯一的辦法就是在你預定要他吃飯（或是準備好出門）的十分鐘前先提醒他，讓他有時間儲存，也會來得及在你說好的時間準備吃飯（或是換好衣服出門）。

5．我又不是故意的！

什麼時候會說？當他弄哭了弟弟時；當高價的仙人掌瓷器摔到地上時；當他為了拿爆米花，撞到了盒裝米，結果米粒撒了一廚房時；當他又弄丟了大眾運輸票卡時。事實上，他無時無刻不說這句話。

該怎麼回應？身為「我又不是故意的」專家，我找到了妙招：「很高興你不是故意的。要是你下一次可以故意小心一點的話，我就放心了。」這招應該可以讓他當場啞口無言——也或許不可能……

6．沒有網路！

什麼時候會說？當你的網際網絡公司出現了故障問題，或是電壓不穩時；當度假小屋號稱網路吃到飽的額度用完了，就算天下最美的風景也變得無足輕重了。

該怎麼回應？就說我們不是網路技師；說他的人生不會因為兩個小時（或三個星期，看情況）成為沒有網路的邊緣人而驟然停止。

7．在哪裡？

什麼時候會說？一天大概會說二十次。青少年不整理東西，所以什麼東西都找不到；又因為不懂得找，所以我們會覺得聽見這個問句的頻率特別高。而在這句「在哪裡」的前面，可能還會加上這些東西：我的牛仔褲、我的充電器、我的手機、我的月票卡、我的護照、我的書包、那罐洗髮精……

該怎麼回應？覺得厭煩的父母可能會下意識地以髒話回應。不過要是你不願意飆髒話，你只能如此簡潔回答：「在你上次放的地方。」他聽了一定會生氣，可是給你一個建議：別因為這樣就開始替他找，因為你永遠會找不完，以後就得幫他找一輩子。

8．沒有人瞭解我……

什麼時候會說？在我們因為他的爛成績念他一頓之後；當我們在三天當中拒絕了他兩次買摩托車的要求之後；當我們因為隔天要上學，不讓他出去玩的時候。總之，就是只要我們說「不行」的時候。

該怎麼回應？跟他說，事實上大家都知道，我們什麼都不懂，而且我們從來都沒經歷過青春期，我們活在這世界上是為了搞爛他的人生（不過要先提醒你：這種諷刺說法有可能會讓事態惡化）。不然，我們可以試著向他證明我們瞭解，但是我們就是要扮演好父母的角色，如此而已。

9．這是你們那個年代的東西。

什麼時候會說？當我們不幸聽老歌的時候；當寒流來襲，要他戴羊毛帽的時候；當談到我們當年聯考制度的時候；當我們說我們在他這個年紀的時候沒有手機等等。

青少年總是不放過任何機會提醒我們已經是上個世代的人了，所以從我們那些過時的經驗當中學不到什麼。

該怎麼回應？呃……沒有什麼好回應的。我們的任何回應都會顯老：「是啊，這是我們那個年代的東西，但起碼是音樂」，或者「是啊，但我們起碼有品味」，「至少我們懂得在現實生活裡對話交流，不像你們」……等等。唯一要做的事情，就是等待……等待比他們年輕的一輩嘲笑他們玩的遊戲很落伍、聽的音樂很「老人」時，就能替我們報仇了。

10．太丟臉了！

什麼時候會說？當我們陪他去學校的時候；當我們要他打電話給安排聚會的同學媽媽的時候；當我們在大庭廣眾之下抱他的時候；當我們和他朋友說話的時候；當他和同學的聚會正熱烈，而我們關在房間裡，突然偷偷開門出去拿東西吃的時候；當我們只是不幸活在這個世界上的時候……

該怎麼回應？真有這麼丟臉的話，從此他就自己走路去學校，不用指望我們載他；為了不再讓他丟臉，我們從此不准他邀同學來家裡玩。或是故意變本加厲地在他同學面前叫他親愛的小寶貝；當他上車要和同學去賞雪度假時，提醒他，他睡覺一定要抱的娃娃就放在他袋子最內側的夾層裡等等。有點壞的復仇行動，但是很有效。

8

青少年父母的十誡

第一誡：一定要溝通

當家裡的青少年陷入青春期風暴時，最嚴重的狀況，就是**親子間變得沉默**。這有點像是孩子還小的時候，你突然發現大半天沒聽見他們出聲，一開始覺得挺好的，但越想就越擔心會有什麼問題——結果，你總是猜對了，他們不出聲，一定有事，多半都在搞鬼搗蛋。而面對青少年，狀況也有點類似，所以溝通交流絕對不可少，因為就怕他們最後會做出比在房間牆上塗鴉還嚴重的事。總之，哪怕是大吵大叫、用力摔門、話越說越大聲……都沒關係，重要的是，彼此的想法能夠交流。

爸爸坦白說

匿名爸

他們都說要聊天溝通，但大家應該都知道，男人實在不擅長這個。我們做爸爸的，很懂得玩樂、做傻事、在孩子該罵的時候罵人，或是一起玩電玩。溝通這件事通常比較複雜，卻又不可少。我自己找到的解決方法，就是透過運動進行。無論是來一場足球賽、一趟散步或一局網球都可以。有的時候，其實我們並沒有真的玩到什麼，頂多就是拍拍球而已，但是在回家的路上，我們經常會聊天。這讓人覺得平靜而愉快。

媽媽坦白說

匿名媽

我注意到，如果要和我們家的青少年聊天的話，從時事主題開始聊起，會比問他們目前感覺如何、在學校好不好等等問題，還能夠讓他們願意多說話。我也會鼓勵他們對於某篇報導或是文章表示看法。但很奇怪，他們在那個時候話會變得比平常還多上許多。他們看見我會考量他們的意見，也有種被看重的感覺。有的時候，他們聊著聊著，竟然變成聊自己的事……

青少年有話說

馬宇斯（十六歲）

我也很想聊聊。可是所謂的「聊天」，對於我爸媽來說，就是問學校今天發了什麼成績單，或問我有沒有認真念書。其實，我有時很希望他們會問我最近在玩什麼電動，或是要我告訴他們最喜歡哪款手遊，也可以跟我聊以前在打的那個電視遊戲已經出到第幾代……也許這樣，我就會很想跟他們聊。

第二誡：不要下評斷

這總是很難讓人忍得住，因為他們所犯的錯，我們以前就犯過了，所以會認為自己比他們還懂。但是你知道很多事唯有親身經歷才會知道，而且**青少年比誰都還容易生氣**。所以他那頭可笑的新髮型，或是突發奇想說走演藝圈，我們都不要下評斷。**唯一能做的，就是等待事情過去或是熱度下降**……也或許最後還是沒有改變。

爸爸坦白說

匿名爸

我承認自己很愛亂開槍，尤其是我想要避免他們受到傷害，或是受騙上當。可是每次我想要批評他們所做的事情感覺很蠢的時候，我就想起自己在他們這個年齡，總想要改革這個世界，還想要在胸口刺上革命家切．格瓦拉的頭像。

媽媽坦白說

匿名媽

當我女兒穿著奇裝異服突然出現時，我會認真地思考一下才提出我的意見。如果她穿的不算不得體，我就什麼也不會說。因為我知道，只要我一起頭，話就會停不住，然後情況就會開始失控。再說，她喜歡穿破洞牛仔褲對我會有什麼影響嗎？沒有啊。

青少年有話說

湯姆（十四歲）

我爸媽希望我以後當工程師，我卻想當舞台劇演員。當然，他們一定沒辦法接受，絕對會發飆！但我覺得，他們沒把我的志願當一回事，可是他們的人生也沒讓我羨慕啊，我也沒有因為這樣就評斷他們吧！

第三誡：永遠別入侵孩子的生活

是的，他們的生活，我們全部都想知道。因為那是我們的孩子，我們不想要他們飛得太遠。可是不行，我們沒有知道他所有一切大小事的正當性，所以必須接受**孩子也像我們一樣擁有一座屬於自己的祕密花園**。不入侵孩子的生活，就是不看他的日記、不看他與朋友互傳的訊息、不偷聽他們的對話，而當我們嗅聞到戀愛的氣息時，更不會拿一堆問題對他進行轟炸……

爸爸坦白說

匿名爸

對一個爸爸來說，看著自己的女兒長大、成為女人，是一種相當複雜的感受。或許我們會很想在這方面開玩笑，問她有沒有男朋友（她總說還不想交……），可是當我有一次抱著碰運氣的心態隨口問她的時候，從她看我的眼神，我明白我闖進她的禁區了。不侵入她的生活，這我同意，不過我認為我依然有權利揍扁第一個讓她心碎的男人——什麼？這也不可以？

媽媽坦白說

匿名媽

就我個人來說，我給自己定了一條規則，那就是不過問我家青少年任何關於他們感情的事。要是他們自己跟我說了，那最好，我會因為他們信任我而開心。要是他們不想說，我也尊重……嗯，話雖這麼說，我還是得承認自己不止一次非常想要偷看他們的日記，但我只是想確認他們生活上有沒有遇到什麼問題而已。不過要聲明一下，我最後還是沒看，所以不算喔。

青少年
有話說

卡蜜兒（十六歲）

我媽媽每天都要問我路卡斯好不好。我真的快給她逼瘋了。我絕對不可能跟她說路卡斯把我給甩了，搞不好我還得安慰她呢。那畢竟是我的人生啊！

第四誡：絕不放棄

當你用盡辦法，軟硬兼施；當你所說的每一句話都像迴力鏢一樣的射向自己；當什麼都行不通；當你已經是第三次被校長約談，你覺得很累了……這時，真的會很想乾脆放棄算了，讓他們自己去想辦法。**不過他們終究還是你的孩子**。況且，**他們越是有狀況，就越是需要你**。

爸爸坦白說

匿名爸

我們花了好幾個月的時間，想盡辦法瞭解女兒到底在想什麼，她竟然對我們說，她寧可被收養，也不想忍受兩個老傢伙——這時候，我真的很想算了，不管她了，讓她過她自己的人生，繼續在課堂上鬼混、只想著玩樂，反正兩年後她就成年了。可是突然間，我想到她一歲的時候，因為不想自己走路，緊緊拉著我的手不放，於是我告訴自己，我沒有權利把她的手放開。就這樣，我選擇忍耐，繼續留在她的身邊，時時守護著她，因為距離她成年就「只剩下」兩年的時間了。

媽媽坦白說

匿名媽

每一次我想放棄的時候，我就會給自己一段完整的時間，只有我一個人，靜一靜、透透氣，因為我並不是特別堅強的人。然後，就如同墜馬的騎士重新上馬一樣，再次振作起來。我其實有一種感覺，那就是他們越是把我推開，就越是需要我拉住他們不放手。所以我繼續盯他們的作業、成績、禁止他們喝酒等等。

青少年有話說

馬宇斯（十六歲）

我承認自己經常表現得太超過。坦白說，如果我是他們的話，老早就崩潰了。其實我很感謝他們對我這麼忍耐——儘管承認這一點讓我挺不好受的。

第五誡：你要設定界線

青少年就跟幼兒一樣，需要界線與框架；通常他們也會試探我們的底線。**有界線與框架，他們才能安心**；也因為知道我們不會任由他們太失序，他們才會有安全感。所以呢，我們就一直、不停地重複提醒他們有哪些界線吧：不准罵人、不准抽菸、不准無故不上課……等等。這很累，我知道！

爸爸坦白說

匿名爸

真的累死人，但每天就是得跟她說這個不行、那個不准的。「不行，你不能坐你男朋友的機車」、「不行，你成績這麼爛，星期六晚上不准出去玩」、「不行，我不准你用這種口氣跟你媽說話」、「不行，你不可以每年八月都跟你那些女生朋友出去露營」……不過最近我女兒謝謝我不讓她參加某場聚會，因為她的一個女生朋友在那場聚會中出事了。看吧，她的老爸沒那麼廢吧。

媽媽坦白說

匿名媽

我已經受夠了一直不停叨念同樣的事情，所以我寫了家庭十誡，掛在每間廁所裡。這樣他們每天起碼會看到兩次。一開始，他們根本不甩我，不過呢，我真的感覺到他們有慢慢把我要求的事情放進心裡了。上次，他們就主動擺碗筷，我真不敢相信啊！（請參見第四誡）

青少年有話說

卡蜜兒（十六歲）

不能讓朋友知道我爸爸說「不行」經常來得正合我意。因為老實說，每次參加朋友的聚會或派對，大家又抽菸又喝酒，我真的沒那麼愛。

第六誡：要幫助他們獨立生活

這就是教育的目的。**希望有朝一日能讓小孩做好離巢的準備**，走上自己的人生大道。所以，我們得替他們劃定界線；是的，起步的時候，我們得握住他們的手。可是我們父母所扮演的角色，也是要讓他們能夠準備好勇敢獨立、成為大人。這個過程，最主要是透過我們知識的傳承（「怎麼煮麵」，接著是「如何通馬桶」），以及讓他們能夠擁有足夠的自信……這完全取決於時機與方法。我們得去「感受」他們準備好獨力嘗試某些經驗（像是獨自搭火車、當臨時保母等等）的時機何時到來。

爸爸
坦白說

匿名爸

我知道這聽起來有點老套，可是，我認為身為父親，我的角色也是讓孩子與媽媽的「分離」能夠容易一些。我不認為自己比較不嚴格，但是我比較不怕看著她去進行某些冒險。比如陪她學開車這件事，答應的人是我，但是當她開車時，每十秒鐘就差點心臟病發的人也是我……好吧，目前我們是還沒開出停車場的範圍啦。不過，那也算數不是嗎？

媽媽
坦白說

匿名媽

我認為，幫助我家的青少年獨立生活，就是教導他們一些在學校不一定學得到的東西，像是操作洗衣機、知道怎麼燙衣服、有辦法自己買火車票、在大城市裡不會迷路。這樣說感覺很簡單，可是叫一個十六歲的青少年用水溫攝氏三十度的洗衣行程洗衣服，你就會看見他的表情有多驚恐。

青少年有話說

卡蜜兒（十六歲）

我知道我很愛抱怨，但我還是很高興我媽媽教會我怎麼做義大利肉醬麵。她教我是希望我懂得怎麼解決生活上的疑難事，但我看到的其實是以後讓男人上鉤的機會！

第七誡：你不要拒絕跟別人求助

要承認自己沒辦法，有時並不容易，尤其是與自己小孩有關的事情，可是我們又沒有三頭六臂，更何況，坦白說，你還記得高一理化教什麼嗎？除非你是理化老師或是相關領域的工程師，不然哪會記得。你更不是什麼心理學大師，所以我老實說，**有時找別人幫忙沒有什麼好丟臉的。**

爸爸坦白說

匿名爸

我女兒小學二年級的時候，我還有辦法教她功課，然而直到我因為搞錯詩人所以她心得作業只拿了五十分的那一天，我才明白自己的能力已經到了極限。從那時起，我們請了一個學生當家教，一星期幫她上課一次，結果她的成績突飛猛進。不過我女兒有可能愛上了這個家教。真可惜，我是滿喜歡這個老師的，但還是得辭退他。

媽媽坦白說

匿名媽

對我來說呢，會跟別人求助，當然是在我覺得孩子失控的時候，帶他們去看心理醫師；而有的時候，則是打電話請我爸媽過來——目前我的孩子和他們的外公外婆相處，比和我相處還來得融洽；還有些時候，是遇到孩子的爸爸在解決他們的問題時，我會與閨密共度週末，然後再回家開心地與他們父子在一起——而這個「開心」至少會維持十分鐘哦。

青少年有話說

瑪儂（十四歲）

我當然對我外婆的態度比對我媽媽還好。不過那並不是因為我比較愛我外婆，而是和我媽媽相處起來比較麻煩。她怕我考太爛怕到不行，讓我壓力超大的。有的事情一跟她說，她就會開始焦慮，而我外婆她會好好地聽我說。

第八誡：接受自己已經落伍了

事實如此。成為青少年的父母，就是要接受這個殘酷的事實：你落伍了、老了、跟不上潮流了。而你呢，可以反抗；可以想辦法知道最近流行的樂團有哪些；跟你的孩子一樣的穿搭、收集經典球鞋與棒球帽……但是，他們終究會認為你是不是出了什麼事。我要提醒你，**對青少年來說，二十一歲的人就已經是老人了！**

爸爸坦白說

匿名爸

當他們第一次用「在你們那個年代」開頭的句子問你話的時候，心裡面真有點不舒服，但是過了一段時間之後，也就認了。我用了幾個月的時間假裝喜歡他們聽的詭異音樂（介於饒舌與浩室之間的音樂，總之，根本就是噪音），但是最後還是放棄了，因為我怎麼樣都還是跟不上他們的時代，所以我開始聽回自己的披頭四和超脫樂團。最好笑的是，現在披頭四和超脫樂團在法國又流行起來了。不久前，我女兒還說我很「潮」。我當下沒聽懂，但那似乎是一種稱讚呢。

媽媽坦白說

匿名媽

當我女兒還小的時候，那些媽媽與青少女的母女裝廣告，讓我心裡充滿了美好的期待。當時，我真迫不及待想像那樣和我女兒穿上母女裝。只是現在我明白了那些廣告都是騙人的。我女兒寧願被關在修道院也不願意和我穿得一樣。事實上我也早就穿不下那些母女裝品牌的褲子了。通常只要我稱讚她哪套衣服好看，她就會立刻換下來，因為呢，如果我覺得好看，就表示那套衣服很「老」了。她對我可真好。

青少年有話說

瑪儂（十四歲）

我可憐的爸媽經常想用我們青少年的語言說話，可是每次總讓我丟臉得要死。坦白說，爸爸媽媽的角色就是要當人家的爸爸媽媽，而不是要負責時尚、展現風格。屬於我們的東西可不可以留給我們就好？難道我們會偷用他們過時的語言嗎？

第九誡：不需要做完美的父母

總歸一句話，**沒有父母是完美的**，就是這樣！你一定會很想要高聲嚷嚷怎麼兒子的青春期到了，你卻完全沒感覺，藉以讓大家認為自己是個好爸媽。但事不從人願，所有人都會感覺得出青春期的到來。確實有些青少年比其他同輩還來得乖順，可是孩子在這個時期本來就會有些卡關，而這也不是你的錯。就算有時候你會很想掐死他們，或是想離家出走，或是因為寶貝對你說「去吃屎吧」而哭乾了眼淚，但你也不用覺得悲慘。**你的脆弱和你的不完美，不會讓你成為壞爸爸、壞媽媽；你、我之所以為人，就是因為脆弱與不完美。**

爸爸坦白說

匿名爸

當我女兒的成績一落千丈的時候，我怪自己沒能多陪陪她。我大部分時間讓工作佔據了，我自己也時常因為償還貸款、累積未繳的帳單等等問題而煩惱。我知道我這個人沒有耐心，也知道我有時的舉動不太恰當——就像她邀朋友來家裡開派對的時候，我為了確認他們沒有喝酒，所以每一杯都嚐了一口，結果害她成了學校的笑柄（但我至少知道他們都沒喝酒）——不過我這個年紀是不可能改變的，她也知道我愛她（我是這麼認為的啦）。

媽媽坦白說

匿名媽

我花了好幾年的時間一直想要變得完美。當他們還小的時候，我會親自煮副食品、買他們完全不玩的木製天然玩具、聽他們訴苦、從不打他們……等等。可是事實上呢，我相信青少年都一定會怪罪他們的父母、生他們父母的氣。我有注意到一件事，那就是：如果我罵他們，他們會說我是暴君。如果我試著放任一點，他們就會怪我沒照顧他們。所以呢，在沒有更好的辦法之下，我想怎麼做就怎麼做！我告訴自己，要是我太完美的話，對他們也不好，這樣他們以後壓力會很大！

青少年有話說

馬宇斯（十四歲）

我真會被我媽笑死。我看得出來她想辦法要當個完美的媽媽，也太想要每個人都愛她，我也覺得她沒有什麼地方做不好，可是沒有什麼地方做不好這件事也讓我快發瘋了，可她就是不明白這一點。

第十誡：你要辨別求救訊號

幸好大部分的時候，青春期只是一個必須歷經的艱辛時刻，從來不會變成人生的惡夢。雖然有大吼大叫、翻白眼、被學校約談的狀況，但是到了最後，孩子還是會長成一個身心都健康的成年人，甚至不會記得自己以前多麼讓人困擾。可是有的時候也有比較嚴重一點的狀況：酗酒、行為脫序、暴力、自殺念頭……等等。**對於某些青少**

年而言，**成長是一個不斷戰鬥的過程**。我們做父母的，必須懂得在正常與不正常之間找到一個平衡點：經常的哭泣、虛弱、沒有朋友、成績退步等等，這些都是需要提高警覺的訊號，我們得要多加留意。

爸爸坦白說

匿名爸

我給自己一條絕對要遵守的規定，那就是不帶著對女兒的怒氣睡覺。不管我和她鬧到多不愉快，我們睡前一定會互道晚安。雖然這看起來沒什麼，但是我卻認為非常重要，因為這可以讓我女兒知道，無論她做了什麼，永遠都還是我心愛的孩子。我從來不會讓她整天都關在房間裡不和我們說話。因為如果她在學校遇到了大麻煩或是出了什麼狀況，一開始的時候就會這個樣子。事實上就是她心裡很難受，而不是想要獨處。

媽媽坦白說

匿名媽

當我感覺到家裡兩個青少年當中的一個似乎遇到了什麼狀況，像是心情不好、與朋友吵架或是其他事情，我會在他們的口袋裡放一張紙條，上頭寫著：「今天晚上，我們一起去餐廳吃個飯或是看場電影好嗎？」這通常很有效。當我發覺他們兩個其中有誰幾乎每週末都會在朋友聚會上喝酒時，我會帶他去諮詢青少年領域相關的專家。這種事總惹得我兒子很惱怒，但我觀察到他收斂了不少，所以他討厭我也沒關係！

青少年有話說

瑪儂（十四歲）

有的時候，我真的很希望他們自己會注意到；希望他們發現那個混蛋把我甩了讓我很痛苦，可要是他們來敲我的門，問說是不是很痛苦，我會不知道該怎麼回答。我很怕自己會毫不保留就把事情全說出來了。

要是我們來進行小報復呢？

你能夠用不准吃糖果、看電視處罰小孩不乖，已經是很久以前的事了。不過當你家的青少年行為太超過的話，還真的不大容易對他們做處分。不過，還是有幾種有效又不會太兇狠的方法，可以給他們些壓力，又可以讓已經精疲力盡的父母心裡舒坦一點！

- **威脅每天下課都會去校門口接他回家**。然後在見到他的時候，當著他同學面前用力地抱他，同時別忘了用他的小名叫他——特別是他的小名如果屬於「寶寶」、「小熊熊」這一類的，叫起來效果更好哦。
- **在臉書上標注他**，邀請他加入某個串連活動。
- 提醒他，你還有**不少他二歲時坐馬桶的照片**。輕描淡寫地告訴他，你可是有辦法把那些都發布在他的動態牆上。
- **很不湊巧地把他的灰色修身褲和一件粉紅色全新T恤一起洗了**。而那件T恤的洗標上明明就註明「第一次下水可能會掉色，請分開洗滌」。
- 當他邀朋友來家裡開派對的時候，無預警地出現，並且當著大家的面**突然瘋狂地跳起了上個世代的流行舞蹈**。
- **更改網路密碼**（可能的話，在他玩一局很重要的網路遊戲時更改）。
- **停止為他的手機繳費**。最起碼改用僅限於通話的方案。
- 恐嚇他，你要當家長代表，並且提醒他，如此一來，**每次開家長會的時候，你一定都會出席**。

- 他最愛的影集推出了下一集，他都還沒看，你就先**爆雷**。
- 當他不回你電話的時候，**打電話給他所有的朋友**，問他人在哪或是在做什麼。
- 暑假時，訂一間**位於荒鄉僻野、沒有網路、收不到訊號**的度假旅館。
- 在他背去夏令營的包包裡**偷偷塞進他睡覺時會抱的娃娃**。
- 事先認真地提醒交通車司機，他很容易暈車，所以**最好讓他坐前座，大概就是老師旁邊的位子**。
- 告訴他，學校協助戶外教學的人手不夠，**所以你也會參加！**

31 最後，給父母……

好了，如果你認真讀過了前面的內容，那麼，我想你應該對於這個與你共同生活、又名「青少年」的有趣生物有了多一點的瞭解。但是這並不表示你真的能夠更瞭解他們，或是掌握到了所有讓青春期平安度過的訣竅。不過，你要記得一件事情——絕對也是最重要的事情——那就是**一切都會過去的**。將來會有一天，這個粗野的小傢伙會帶著微笑醒來，話也能夠好好說，不再抱怨個不停。因為他們覺得好多了，而且荷爾蒙停止在他們身體裡玩乒乓球。

今日我們傾向於認為青春期比以往來得長，甚至有二十歲至三十歲的年輕人還有青春期的一些行為。不過我跟你保證，「青春期風暴」持續的時間通常不會跟著延長。另外，要知道**青春期也可以是一段相當有趣的時期**。在那期間，你開始可以隱約看見你的孩子即將變成的那個很棒的大人，而你管得到的範圍變小，你們的交流變得豐富，親子能共同進行的活動也更多元了（哪個人說喜歡去小公園的可以先離開了）。

在這為時幾個月或是幾年的雲霄飛車之旅，你將會需要許多的精力，不過相信我，當你的寶寶十八或十九歲的時候，跟你說他要搬出去和朋友住；要去美國念書；或是要環遊世界，你會突然捨不得那些甩門的聲音還有他翻白眼的樣子。所以請備好你的耐性，好好把握他在你身旁的日子，就算他沒讓你有好日子過。

留言給未來的你，陪伴孩子度過青春期風暴！

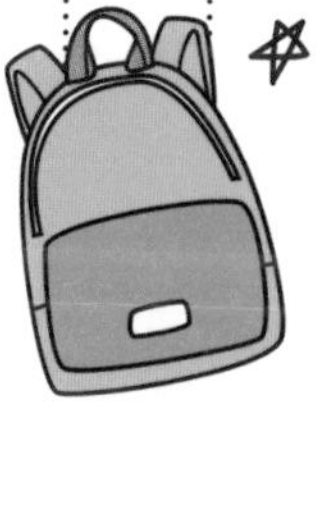

國家圖書館出版品預行編目(CIP)資料

不崩潰的青春期教養心法：在青春期風暴中，父母如何面對刺蝟少年的31個求生指南／卡洛琳．法蘭克–德薩吉(Caroline Franc-Desages)著；黃琪雯譯. -- 初版. -- 臺北市：遠流出版事業股份有限公司，2023.05
面； 公分
譯自：Le guide des super parents d'ados
ISBN 978-626-361-052-1 (平裝)

1.CST: 親職教育 2.CST: 親子關係 3.CST: 青春期 4.CST: 青少年

528.2 112004047

不崩潰的青春期教養心法

在青春期風暴中，父母如何面對刺蝟少年的 31 個求生指南

Le guide des super parents d'ados

作　　者｜卡洛琳．法蘭克–德薩吉
譯　　者｜黃琪雯
副總編輯｜簡伊玲
校　　對｜金文蕙
美術設計｜王瓊瑤

發 行 人｜王榮文
出版發行｜遠流出版事業股份有限公司
地　　址｜104005 台北市中山北路 1 段 11 號 13 樓
客服電話｜02-2571-0297
傳　　真｜02-2571-0197
郵　　撥｜0189456-1
著作權顧問｜蕭雄淋律師
ISBN ｜ 978-626-361-052-1
2023 年 5 月 1 日初版一刷
定　　價｜新台幣 390 元（如有缺頁或破損，請寄回更換）

YLib 遠流博識網
http://www.ylib.com
Email: ylib@ylib.com